Kaufsucht

Behandlung, Hilfe, Tipps – Befreien Sie sich vom zwanghaften Shoppen

Frank Lavario

Copyright: Lavario

Impressum:
Frank Lavario: Kaufsucht: Behandlung, Hilfe, Tipps – Befreien Sie sich vom zwanghaften Shoppen

ISBN-13: 978-1539822905
ISBN-10: 1539822907
Bibliografische Information der Deutschen Nationalbibliothek:
Die Deutsche Nationalbibliothek verzeichnet diese Publikation in der Deutschen Nationalbibliografie; detaillierte bibliografische Daten sind im Internet über http://dnb.d-nb.de abrufbar.
1.Auflage Oktober 2016
Printed in Germany by Amazon Distribution GmbH, Leipzig

Finden Sie Ihre Suchtdruck-Auslöser

Wir können Ihnen natürlich nicht garantieren, dass Sie, nur weil Sie jetzt dieses Buch lesen, sofort von der Kaufsucht loskommen. Das wäre nicht seriös. Aber das Buch wird Sie mindestens in die richtige Richtung bringen und Ihnen immer wieder die Augen öffnen. Es geht das Problem Kaufsucht von drei Seiten an. Sie sollen erstens verstehen, warum Sie eigentlich an Kaufsucht leiden und warum Sie immer wieder „Kaufen" müssen.

Dann geht es um die Verhaltensänderung. Wie schaffen Sie es also, anders mit Ihrer Sucht umzugehen. Und schließlich geben wir im dritten Teil auch ganz konkrete Tipps, sofort umsetzbar, was Sie tun müssen, wenn Sie trotzdem wieder das unbändige Verlangen haben, jetzt sofort zuzuschlagen. Oder wenn ein Rückfall droht. Beginnen wir also mit dem ersten Teil, also erst einmal zu verstehen, was Sie immer wieder in die Sucht treibt und woher das eigentlich kommt. Fangen wir mit dem Thema Suchtdruck an.

„Suchtdruck" ist das, was Sie empfinden, wenn Sie wieder das Gefühl haben, dass Sie jetzt sofort Ihre Droge Kaufen benötigen, wenn Sie unruhig werden, wenn es in Ihnen kribbelt. Dies ist nicht nur ein psychologisches Phänomen, sondern hängt auch mit den Botenstoffen in Ihrem Gehirn zusammen.

Was aber sind die Auslöser von Suchtdruck? Wenn Sie das für sich herausfinden können, dann können Sie auch die nächsten beiden Schritte tun, nämlich: 1. anders mit diesen Auslösern umgehen und sie 2. möglichst vermeiden oder deren Auftreten reduzieren. In diesem Tipp geht es aber noch nicht um diese Folgeschritte, sondern wirklich erst einmal ansatzweise darum, die Auslöser zu erkennen. Typischerweise gibt es neun Auslöser(gruppen), die wir Ihnen nun einmal kurz vorstellen:

1. Einsamkeit: Suchtdruck kann besonders oft auftreten, wenn Sie sich einsam fühlen. Und dies tun die meisten von Ihnen. Auch wenn Sie in einer Beziehung leben, führen Sie ja ein Doppelleben und leben in Wirklichkeit einsam neben Ihrem Partner / Ihrer Partnerin. In Momenten der Einsamkeit fühlen Sie ganz besonders die Leere in Ihnen. Dies tut weh. Den Schmerz versuchen Sie dann zu stillen, so wie Sie es immer getan haben. In Ihrem Gehirn besteht eine richtige Nerv-Autobahn, die von Einsamkeit zu Suchtdruck führt.

2. Unstrukturierte Zeit: Ein weiterer Auslöser kann sein, dass Sie Ihre Zeit nicht so richtig verplant haben. Gerade Studenten, Hausfrauen, Arbeitslose, Teilzeitkräfte, Nacht- oder Schichtarbeiter und andere haben oft ein Leben, in dem der Tag nicht klar strukturiert ist. Ständig stehen Entscheidungen quasi in letzter Minute an, was jetzt als nächstes auf der Tagesordnung steht. Da Sie ein starkes Suchtgedächtnis haben, ist Suchtverhalten dann ständig eine Alternative, die in Erwägung gezogen wird. Fühlen Sie sich dann auch noch einsam, kommen direkt zwei Faktoren zusammen. Tritt bei Ihnen Suchtdruck häufiger an Tagen auf, an denen Sie einen nur halbverplanten Tag haben als an solchen, an denen Sie voll eingespannt sind in verplante Tätigkeiten? (Es ist keinesfalls offensichtlich, dass an solchen voll verplanten Tagen weniger Suchtdruck besteht. Dazu kommen wir gleich noch, wenn es um den Auslöser Stress geht.)

3. Streit/Kränkung: Als Süchtige(r) können Sie meist nicht gut mit Spannungen umgehen, die zwischen Ihnen und jemand anderen bestehen. Sie haben ja wahrscheinlich seit Ihrer Kindheit gelernt, Konflikten aus dem Weg zu gehen, sich lieber zurückzuziehen und sich selber Befriedigung zu besorgen. Dies ist von allen Auslösern der am langwierigsten zu behandelnde. Denn Streit und Kränkungen wird es immer geben. Sie sind nicht so leicht aus dem Weg zu gehen, zumal Ihre eigene Definition von Kränkung ganz anders gefasst ist als die von vielen anderen Menschen mit größerem Selbstbewusstsein. Statt Ihre Gefühle auszudrücken „Du tust/Sie tun mir mit so einer Aussage weh.", werden Sie nach innen geleitet, hinuntergeschluckt – so wie all die Jahre über – und lösen dann entweder sofort oder ein paar Stunden später eine Kompensationsreaktion aus – d.h. Suchtdruck: „Ich habe mir jetzt eine Entspannung verdient".

4. Konfliktangst: Verwandt mit dem vorigen Auslöser ist die Angst vor unvermeidlichen Konflikten. Hier baut sich also schon eine Spannung in Ihnen auf, die dann zu Suchtdruck führt. Angst vor einer Präsentation, die Sie halten müssen; vor einem Beurteilungsgespräch; vor der dringend notwendigen Aussprache mit Ihrem Partner; vor dem Gang zur ersten Unterrichtsstunde des neuen Englischkurses; vor dem Besuch bei Ihren Eltern …

5. Stress: Auch die meisten der vorher genannten Auslöser verursachen Stress. Hier ist mehr der Stress durch Überarbeitung und Überlastung gemeint. Sie verbringen sehr viel Zeit bei der Arbeit und sind vielleicht auch noch Single, oder Sie haben einen harten Job und dann auch noch Stress zuhause, oder Sie sind allein erziehende überforderte Mutter und ähnliche Konstellationen. Wenn Sie keinen anderen Ausgleich finden (soziale Kontakte, Sport, Massagen, ein liebevoller Partner, interessante Hobbys etc), dann nutzen Sie Kaufen, um sich eine schnelle Belohnung für den harten Tag zu geben. „Das habe ich mir jetzt aber verdient."

6. Glück: Dass Glück Suchtdruck auslösen kann, damit rechnet man ja gar nicht und würde es vor einer gründlichen Analyse auch gar nicht vermuten. Aber viele Süchtige – oder sagen wir noch allgemeiner viele Menschen mit niedrigem Selbstbewusstsein – können mit starken positiven Gefühlen schlecht umgehen. In ihnen war jahrelang ein gut funktionierendes Programm mit dem Namen „ich bin nichts wert und verdiene Unglück". Wenn ihnen dann etwas Glückliches passiert, dann entstehen Spannungen, und die erzeugen Suchtdruck. Wenn man dem dann nachgibt, dann fühlt man sich schuldig, schämt sich, und schon passt das wieder zum Selbstbild, und die Spannung ist weg.

> **"Wenn es dir schlecht geht, dann geh zur Selbsthilfegruppe.
> Wenn es dir gut geht, dann renne zur Selbsthilfegruppe."**
>
> Motto der Anonymen Alkoholiker

7. Rache: Eine Sucht ist immer auch selbstschädigendes, selbstzerstörerisches Verhalten. Und damit möchten Sie sich vielleicht unbewusst an jemandem rächen, so nach dem Motto: „Sieh mal, wenn du nicht gewesen wärst – wenn du mir dies und das nicht angetan hättest – dann wäre ich jetzt nicht so drauf, dann würde mir das nicht passieren." Denken Sie einmal darüber nach, ob Sie sich nicht vielleicht auch auf diese Art und Weise an Ihren Eltern, Ihrem ehemaligen Chef, an der ehemaligen Partnerin / Partner etc. „rächen" wollen. Oder an sich selbst für Fehler, die Sie früher einmal begangen haben. Sich immer wieder zeigen, wie schlecht Sie eigentlich sind. Und wenn sie dann das Suchtverhalten an den Tag legen, dann können Sie sich danach unbewusst wieder „gut" fühlen, denn Sie haben sich ja bewiesen, wie schlecht Sie sind. Klingt anfangs absurd, aber es trifft auf viele Süchtige zu. Denken Sie einmal darüber nach, ob das auch bei Ihnen der Fall sein könnte.

8. Ort, Zeit, Person: Fast alle der anderen Auslöser waren direkter psychologischer Art. Diese Auslösergruppe ist anderer Natur. Hier sind es bestimmte Orte, Tages- oder Wochenzeiten und Personen, die bei Ihnen Suchtdruck auslösen. Manche Orte, Zeiten oder Personen sind ganz offensichtliche Auslöser. Aber es kann auch auf einer unbewussten Schiene verlaufen: Vielleicht speichert Ihr Unterbewusstsein bestimmte Reize erst einmal ab und erst Stunden später kommt es dann wieder hoch und erzeugt Suchtdruck, ohne dass Sie eigentlich verstehen, warum. Den Zusammenhang werden Sie erst dann vollends verstehen, wenn Sie längere Zeit ein Tagebuch geführt und ausgewertet haben.

Bestimmte Tageszeiten könnten für Sie kritisch sein. Bei vielen ist das die Abend- oder Nachtzeit. Auch das Wochenende kann eine kritische Zeit sein, vor allem, wenn Sie Single sind und nicht so richtig wissen, was Sie mit Ihrer Zeit anfangen sollen. Über unstrukturierte Zeit und Einsamkeit als Auslöser hatten wir ja bereits ausgeführt.

Auch bestimmte Personen können Suchtdruck auslösen. Bei manchen liegt es direkt auf der Hand. Andererseits kann es aber auch so sein, dass Frustrationen, Ängste oder Rachegedanken durch bestimmte Personen ausgelöst werden und dadurch dann Suchtdruck entsteht.

9. Computer:

Computer oder Laptop können im 21. Jahrhundert sowohl Mittel zum Zweck sein oder aber eigener Auslöser sein. D.h. entweder nutze ich den Computer, um mir die Befriedigung zu holen, nachdem ein anderer Auslöser Suchtdruck verursacht hat, oder ich arbeite am Computer oder denke an den Computer im Arbeitszimmer und dies löst dann den Druck aus, jetzt schnell auf diese gewissen Seiten zu surfen...

Diese neun Auslöser sind die am häufigsten vorkommenden. Selbstverständlich können es bei Ihnen, in Ihren persönlichen Lebensumständen, noch weitere sein, die Ihnen das Leben schwer machen. Denken Sie einmal darüber nach. Um herauszufinden, welches die typischen Suchtdruck-Auslöser in Ihrem Leben sind, gehen Sie die nächsten Tage nun wie folgt vor.

Machen Sie sich ab sofort jeden Tag die folgende Tabelle: links die 9 typischen Auslöser von Suchtdruck, plus solche, die Sie für sich selbst zusätzlich als relevant empfinden. In der Mitte notieren Sie sich am Ende jeden Tages alles, was in diesem Bereich passiert ist. Gehen Sie Ihren Tag also abends noch einmal detailliert durch – Sie können natürlich auch während des Tages schon regelmäßig beobachten und aufschreiben. Rechts dann beurteilen Sie, wie stark

Sie glauben bzw. fühlen, dass diese Ereignisse Sie belastet haben und möglicherweise Suchtdruck ausgelöst haben. Geben Sie 5 Punkte, wenn Sie überzeugt sind, dass dieser Bereich stark zum Druck beigetragen hat, 0 Punkte, wenn Sie meinen, dass Sie gut damit umgehen konnten und Sie das nicht belastet hat.

Möglicher Auslöser	Was davon ist heute passiert?	Belastung (0-5 Punkte)
Einsamkeit		
Unstrukturierte Zeit		
Streit/Kränkung		
Konfliktangst		
Stress		
Glück		
Rache		
Ort, Zeit, Personen		
Computer		
Anderes		

Am Ende der Woche erstellen Sie sich bitte auch noch eine Wochenübersicht, in der Sie für jeden Tag und jede Aktivität Ihre Punkte eintragen und sich die Summe pro Auslöser errechnen.

	Mon	Die	Mitt	Don	Frei	Sams	Sonn	TOTAL
Einsamkeit								
Unstr. Zeit								
Steit/Kränkung								
Konfliktangst								
Stress								
Glück								
Rache								
Ort,Zeit,Person								
Computer								
Anderes								

Sie sollten spätestens dadurch erkennen, welche für Sie die kritischen Auslöser sind.

Nehmen Sie sich für die drei „typischsten" Auslöser vor,

A ---- wie Sie anders damit umgehen wollen
B --- wie Sie diese Auslöser vermeiden wollen oder in ihrer Häufigkeit reduzieren .

DIES NEHME ICH MIR VOR:

_____
_____
_____
_____
_____
_____
_____
_____
_____
_____
_____
_____
_____
_____
_____
_____

Ihre 5% haben keine Chance gegen die 95%

Ein ganz wichtiges Ergebnis der Gehirnforschung ist, dass uns nur 4 bis 8 % unseres Selbst bewusst sind, 92 bis 96% hingegen nicht.

Die Forschungsergebnisse variieren ein wenig, einigen wir uns auf 5% und 95%. Verstehen Sie, was das bedeutet? Wir glauben, wir verstehen die Welt. Wir glauben, wir kennen uns selbst. Wir glauben, wir können bestimmen, was wir tun. Wir glauben, ob wir süchtig sind oder nicht, sei eine bewusste Entscheidung.

Von wegen!

95 % (!!) unseres Bewusstseins ist uns gar nicht bewusst, ist „unbewusst".

Stellen Sie sich das wie einen Eisberg vor. Bei den Eisbergen ist es ja ein ähnliches Verhältnis. Knapp 10 Prozent ist über der Wasseroberfläche sichtbar, gut 90 Prozent liegt unsichtbar darunter. Wenn nun jemand kommt und versucht den Eisberg zu zeichnen, so wird das Bild unweigerlich falsch sein, denn das, was sichtbar ist und gezeichnet werden kann, ist ja lächerlich wenig im Vergleich zu dem, was der Eisberg tatsächlich ist, wie er tatsächlich aussieht.

So ist das auch mit Ihnen. Auch Sie sehen nur einen Bruchteil von sich selbst. Wenn Sie jetzt versuchen, mit Ihrem Suchtverhalten aufzuhören, dann geschieht das auf einer bewussten Ebene, auf der Ebene der 5%. Für Sie sind diese 5% das, was zählt. Die 95% im Unterbewusstsein hingegen, die lachen sich ins Fäustchen, schütteln nur den Kopf über Ihre bewusste Entscheidung, jetzt mit dem Kaufen aufzuhören.

Sie haben es wahrscheinlich so oft probiert, Ihr Verhalten zu ändern, aber sind immer gescheitert. **Verstehen Sie, dass diese 5% keine Chance haben, wenn die anderen 95% sich dagegen stellen?** Wird Ihnen jetzt klar, dass Sie ohne Zugang zu Ihrem Unterbewussten so lange kämpfen können wie Sie wollen, ohne jemals Erfolg zu haben? Ihre Willenskraft, all Ihre guten Vorsätze, werden keine Chance haben, wenn Ihre Sucht fest in den 95% verankert ist.

Und das ist jetzt eine entscheidende Einsicht: Sie dürfen sich nicht schämen, dass Sie immer wieder rückfällig geworden sind. Es lag nicht an Ihrem Charakter. Es lag nicht daran, dass Sie zu schwach waren. Es ist nicht so, dass Sie wertlos waren. Nein, es liegt daran, wie das Gehirn funktioniert. Sie müssen ran an die 95%, Sie müssen da rein, und wir helfen Ihnen dabei.

Ein Beispiel aus einem anderen Bereich: Wie fahren Sie Auto? Mit Ihrem Bewusstsein oder Ihrem Unterbewusstsein? Mit beidem. Ihr Bewusstsein schaut, ob die Ampel rot ist oder grün, achtet auf Geschwindigkeitsbegrenzungen, gibt dem Fuß den Befehl zu bremsen, wenn Ihnen plötzlich jemand die Vorfahrt nimmt. Ihr Unterbewusstsein hingegen übernimmt das Schalten der Gänge, die Bewegungen der Füße beim normalen Beschleunigen und Abbremsen, bewegt den Kopf nach rechts oder links, wenn Sie abbiegen etc. Das sind alles Dinge, die Sie so nebenbei tun, Sie brauchen nicht mehr darüber nachdenken. Im Gegenteil, vielleicht denken Sie sogar über irgendetwas anderes nach, hören zu, was der Sprecher im Radio sagt, während Ihr Unbewusstes im Hintergrund arbeitet. Sie tun also Dinge, weil das Unbewusste sie steuert. Sie tun sie gar nicht bewusst.

Das heißt aber nicht, dass Sie das Unbewusste nicht nach oben ziehen können. Wenn Sie in sich gehen, können Sie herausfinden, warum Sie bestimmte Dinge tun. Bei dem Beispiel mit dem Autofahren ist dies natürlich recht einfach. Bei Ihrer Kaufsucht wird es schon schwieriger, aber zunächst mal ist es wichtig, dass Sie das Prinzip verstehen.

Wir leben in einer Welt, in der wir seit unserer Kindheit eingetrichtert bekommen, unsere Logik zu benutzen, unseren „gesunden Menschenverstand", zu denken statt zu fühlen. Das alles ist in den 5% Bewusstem enthalten. Gefühle hingegen werden unterdrückt. Unsere wirklichen Bedürfnisse werden ausgeschaltet.

Als Kind kamen wir unschuldig zur Welt und dann kamen unsere Eltern, unsere Verwandten, unsere Schule oder auch schon Kindergarten, und alle haben uns gesagt, wie wir zu sein haben, was wir tun dürfen und was nicht, was wir fühlen dürfen und was nicht („Jungen weinen nicht." oder „Indianer kennen keinen Schmerz.").

Schauen Sie sich einmal ein Baby an: als Baby haben wir noch mit ganzem Körper gelacht und geweint. Und dann kam die Erziehung. Können Sie sich vielleicht an Momente erinnern, in denen Ihre Eltern oder Ihre Lehrer Ihnen gesagt haben: „Schön, dass du weinst. Bitte weine noch viel mehr, lass alles raus, bis du es verarbeitet hast."? Die Eltern und die Lehrer und die Mitschüler, die aus uns das machen wollten, was *sie* in uns sahen und sehen wollten, was wir aber gar nicht waren. All das, was wir unterdrückt haben und auch heute noch unterdrücken, wandert ins Unbewusste. Es sind ja alles Erlebnisse, die stattgefunden haben, also sind Sie auch im Gehirn verankert. Im Unbewussten eben. Bei den 95%.

Wenn Sie akzeptieren, dass das, was Sie täglich bekämpfen, das, von dem Sie glauben, es sei nicht viel wert, das, was ständig wieder Kaufen braucht – wenn Sie akzeptieren können, dass dies nur ein ganz kleiner Teil von Ihnen ist, dann haben Sie schon wieder einen Riesenschritt nach vorne gemacht.

Aber nur, wenn Sie das wirklich verstehen. **Sie erkennen dann nämlich auch, dass Sie viel mehr sind als diese 5%.** Dass da noch weitere 95% sind! Das ist 19 Mal mehr als das, von dem Sie immer glauben, es sei die Realität. Und Sie glauben doch nicht etwa, dass diese 19 anderen „Sie" alle schlecht sind? Da steckt ganz viel von dem kleinen Kind drin, das Sie einmal waren. Sie werden doch nicht etwa sagen, ein Kind sei schlecht? Ein Kind kommt immer unschuldig in die Welt und dann wird es Einflüssen ausgesetzt.

Durch die Forschung ist hundertfach bewiesen worden, dass Sie krank werden wegen der Spannungen in Ihnen, wenn sich die 5% immer wieder gegen die 95% auflehnen, bzw. wenn die 5% versuchen, die anderen 95% zu kontrollieren.

Stellen Sie sich einen Teil des Unbewussten wie ein kleines Kind vor, das gehört werden will, Ihr inneres Kind. Man hat ihm immer wieder gesagt „Das darfst du nicht." „So nicht." „Du warst böse." „Das macht man so." Und was macht das Kind? Zieht sich beleidigt oder verletzt in die Ecke zurück. Tut das, was man ihm gesagt hat, aber fühlt und denkt in Wirklichkeit etwas ganz anderes.

Dieses Kind, diese Gefühle und Gedanken, die sind immer noch da, im Hinterstübchen Ihres Gehirns. Und ab und zu kommt das innere Kind dann einfach mal wieder rausgelaufen aus seinem Hinterstübchen und macht auf sich aufmerksam, schreit nach Anerkennung und Liebe. Und die 5% Bewusstsein, das, was Sie bisher immer glaubten zu sein, die bestrafen das innere Kind dann wieder, in dem Sie sagen: Was soll denn das jetzt? Ich will nicht mit dir reden. Geh zurück ins Stübchen. Ich brauche diese schmerzliche Diskussion jetzt nicht. Ich hole mir jetzt meine Portion Kaufen, und dann vergeht der Schmerz auch schon wieder.

Der umgekehrte Schluss ist dann aber auch auch, dass Sie beginnen, zu heilen, wenn Sie sich den 95% öffnen und sie in Ihr Leben hineinlassen. Wenn Sie also beginnen, sich selbst zu erforschen.

Man könnte auch sagen, dass das Bewusstsein eher das Logische, die linke Gehirnhälfte ist, während das „innere Kind" den Gefühlen in der rechten Gehirnhälfte entspricht. Erst, wenn wir beides akzeptieren und uns zugänglich machen, können wir ein kompletter Mensch werden. Wir müssen also auf eine Reise in diese rechte Gehirnhälfte gehen.

Das kann eine aufregende, aber auch schmerzvolle Reise sein. Eine Begegnung mir Ihrer Vergangenheit. Mit all dem, das Sie unterdrückt haben und immer noch unterdrücken. Sie verstehen jetzt aber auch, dass die Schmerzen und Tränen, die dabei vielleicht hochkommen, so unglaublich gut und wichtig für den Heilungsprozess sind.

Jede einzelne Träne, auch wenn Sie nicht wirklich Ihre Wange herunterläuft, sondern vielleicht nur gedanklich geweint wird, jedes unangenehme Gefühl, das Sie spüren, wenn Sie an bestimmte Dinge aus der Vergangenheit denken, **jeder Schmerz ist ein Zeichen dafür, dass Sie genau an den kritischen Stellen angekommen sind.** Jedes Mal, wenn Sie so etwas fühlen, sollen sie laut „Hurra" rufen – und nicht etwa ausweichen und sich wieder neu betäuben. Denn das sind dann die Momente, in denen Sie etwas aus Ihrem Unterbewusstsein heraus ans Licht holen.

Das sind Momente, in denen Sie etwas aus den 95% des Eisbergs nach oben holen. Sie gewinnen dabei so viel. **Je mehr Sie nach oben holen, umso besser kann Ihr bewusstes Leben in Zukunft ablaufen.** Vielleicht können Sie an dieser Stelle schon verstehen, dass Süchtige, die ihre Sucht überwinden, oft Menschen werden, die ein viel größeres Verständnis für sich und die Welt haben als andere. Weil Sie eben von den 95% einiges nach oben geholt haben, weil ihre 5% mehr als 5% geworden sind, weil der Eisberg weiter oben schwimmt.

Es wäre ein großes Lernerlebnis für Sie, wenn Sie jetzt zu dem Schluss kommen, dass Sie ja doch nicht so hilflos sind, gegen Ihre Kaufsucht anzugehen, wie Sie vielleicht in den letzten Jahren gedacht haben. Ihnen steht plötzlich ein großes Reservoir an Unterbewusstem zur Verfügung, das Sie anzapfen können, um sich nach all den Jahren doch noch in eine andere Richtung zu entwickeln, weg von der Sucht.

Aber Sie sollen nicht *gegen* Ihre Sucht *kämpfen*, sondern Sie als Chance begreifen, mehr über sich und Ihre ungelösten Konflikte im Unterbewusstsein zu lernen. Nur *mit* ihrem Unterbewusstsein, also *mit* Ihrer Sucht, werden Sie Ihr Verhalten ändern können.

In der Neurolinguistischen Programmierung (NLP) stellt man sich das Gehirn als die Festplatte eines Computers vor. Das, was Sie als Kind so alles zuhause und in der Schule zu hören bekommen („Du bist böse." „Aus dir wird nichts." „Ab in dein Bett." „Du Versager." „Mit dir will ich nicht spielen."), das wird als Software abgespeichert. Genauso auch die Tracht Prügel oder Übergriffe, denen viele mit Kaufsucht ausgesetzt waren. Dies als Software abzuspeichern heißt aber, dass dann alles Zukünftige entsprechend dieser Software bearbeitet wird. **Wir programmieren uns selber darauf, den abgespeicherten negativen Erwartungen gerecht zu werden. Erwartungen, die andere in uns eingetrichtert haben, die wir aber eigentlich gar nicht sind.**

Ihr inneres Kind hat nie gelernt, die Schmerzen zu durchleben und daraus stärker zu werden, stattdessen hat es gelernt, sie zu betäuben. In Ihrem Fall hat es sie betäubt durch ein Verhalten, das letztendlich in der Sucht geendet ist, bei anderen ist es ein extremes Angepasstsein, bei wieder anderen ständige Wutausbrüche oder auch extremes Geltungbedürfnis, und viele weitere Arten, mit dem Schmerz umzugehen. Viele davon sind auch Süchte, z.B. Geltungssucht, ständiges Pornogucken, Alkoholsucht etc. Die Ursachen sind sehr ähnlich. Warum sich das Kind dann Lösung A oder B oder C aussucht, um mit dem Schmerz und der Scham umzugehen, dazu später mehr.

Und das innere Kind will auch keine rationalen Maßstäbe ansetzen und kann mit der Logik unseres 5%-Erwachsenen-Bewusstseins nichts anfangen, es ist ja noch ein Kind. Und Geduld hat es auch keine. Es will alles und zwar sofort. Trobe bringt in seinem Buch das Beispiel des Kindes, das jetzt sofort ein Eis haben will. Versuchen Sie es mal auf morgen zu vertrösten! Genauso will es die Entspannung des Kaufen jetzt sofort und ist logischen Argumenten nicht aufgeschlossen.

Tipp einer geheilten Patientin:

"Um schneller und effektiver an Ihr inneres Kind ranzukommen, begeben Sie sich an die Orte Ihrer Kindheit und Jugend. Dort kommen unverhofft Erinnerungen auf, gute und schlechte. Der Baum an der Straßenecke, unter dem Sie gespielt haben, die Tankstelle, wo Sie sich Bonbons gekauft haben, die Grundschule mit dem Schulhof, auf dem... Gehen Sie dort spazieren und lassen Sie die Erinnerungen und vor allem die Empfindungen wieder hochkommen."

Jetzt noch mal ein Beispiel, das anschaulich die „Logik" von drei- bis achtjährigen Kindern zeigt. Entscheiden Sie selbst, ob Ähnliches nicht auch für Sie als Kind zutrifft. Bei Trennungen der Eltern ergeben sich bei der überwiegenden Anzahl der kleinen Kinder seelische Probleme, die oft erst viel später zutage treten. Man hat festgestellt, dass die Psyche des Kindes so arbeitet, dass alles auf sich selbst bezogen wird. Wenn also einer der beiden Eltern weggeht, dann muss es deshalb sein, weil „ich" nicht gut genug bin, nichts wert bin. Genauso, wenn die Eltern sich streiten oder schlagen: das muss sein, weil „ich" sie verärgere, weil „ich" mich falsch benommen habe, weil sie „mich" nicht mehr lieben.

Das ist für uns als Erwachsene nicht rational, für eine kleine Kinderseele aber schon. Und so werden gerade in turbulenten Elternhäusern schon tiefe Spuren in der Psyche des Kindes hinterlassen. Selbstverständlich wird ein Kind auch das Schlagen und Verprügeltwerden immer auf sich selbst beziehen und niemals denken, dass die Mama oder der Papa vielleicht selber psychische Probleme haben. Wenn „ich" geschlagen oder verprügelt werden, dann habe ich das auch verdient, dann bin ich nicht gut genug, dann lieben meine Eltern mich nicht. Und wenn mich meine Eltern, mein Ein und Alles, schon nicht lieben, wer soll mich denn dann sonst lieben. Dann bin ich doch wirklich nichts wert. Und jedes Mal, wenn wieder etwas Schlechtes passiert, dann geschieht mir das ja auch ganz recht. Die Software in unserem Gehirn arbeitet dann sehr effizient. Und noch etwas Entscheidendes passiert dann: wenn wir es unseren Eltern nicht recht machen, dann fühlen wir uns auch noch schuldig. Und schämen uns. (Und sich schämen, das kennen Sie ja nur zu gut, das Gefühl. Denn was empfinden Sie zig Mal im Monat, *nachdem* Sie Ihrer Sucht nachgegangen sind?)

"Der Hass ist die Liebe, die gescheitert ist."

Sören Kierkegaard, dänischer Philosoph (1813 – 1855)

Erst ab einem Alter von etwa 10 Jahren gewinnen wir die Fähigkeit, dies alles differenzierter zu betrachten. Aber dann ist vieles von den 95% Unbewussten auch schon festgeschrieben. Und außerdem beginnen wir dann typischerweise etwas ziemlich Selbstzerstörerisches zu tun, nämlich uns an unseren Eltern (oder anderen nahen Bezugspersonen) zu rächen. Im Gehirn laufen dann zwei Dinge parallel zueinander ab. Zum einen ist da die Software im Unbewussten (in den 95%), die uns ständig sagt, dass wir nichts wert sind. Zum anderen ist da im Bewusstsein (in den 5%) das Erkennen, dass unsere Eltern schuld sind, dass sie uns gedemütigt haben, uns verprügelt haben, uns missbraucht haben. Das Bewusstsein sagt uns dann, dass wir ja zu jung sind, um wegzugehen, wir uns aber wehren können, indem wir unsere Eltern boykottieren. Das heißt, wir tun genau das nicht, was sie von uns erwarten. Wir benehmen uns daneben, beginnen uns zu betrinken, schwänzen die Schule, ziehen uns in unser Zimmer zurück und masturbieren, oder fangen an zu hungern oder uns vollzustopfen (Bulimie und Magersucht sind eher weibliche Rachereaktionen, Alkohol, Prügeln und Sex eher männliche, wobei sich das bei den heutigen Teenagern langsam annähert). Oder – manchmal erst viele Jahre später – es kommt die Kaufsucht.

Das Dramatische ist, dass wir uns selber verletzen, nur um uns zu rächen an unseren Eltern. Unser unbewusstes, fehlendes Selbstbewusstsein aus der früheren Kindheit unterstützt uns dann noch dabei, weil es sagt „egal, ich bin ja sowieso nichts wert".

Und wenn dann das selbstverletzende Verhalten lang genug anhält, dann wird es auch unbewusst, so wie im Beispiel vorher das Schalten vom dritten in den vierten Gang beim Autofahren. Deshalb ist es den meisten Süchtigen zunächst gar nicht bewusst, dass sie mit ihrem Suchtverhalten auch Rache nehmen wollen an wichtigen Personen ihrer Kindheit.

An dieser Stelle also schon einmal eine wichtige Einsicht: Ihr Suchtverhalten kommt auch daher, dass Sie sich selbst nicht mögen UND grossen Groll gegenüber jemanden aus Ihrer Kindheit hegen. **Solange Sie beides nicht auflösen, werden Sie Schwierigkeiten haben, in Ihrer Heilung fortzuschreiten.** Sie sind *abhängig* von der Person, an der Sie sich rächen wollen!

Eine Sucht kann latent da sein und erst im Erwachsenenalter richtig ausbrechen. So berichtete uns ein 33jähriger Mann aus einer anderen Sucht (Sexsucht), dass er erst zwei, drei Jahre vorher wirklich angefangen hat, zwanghaft in Bordelle und an den Straßenstrich zu gehen, obwohl er in einer Beziehung lebt, die nach außen hin glücklich erscheinen. Während der Therapie kam dann zum Vorschein, dass er als Kind sehr viel Ablehnung vom weiblichen Geschlecht erfahren hatte, man ihn gehänselt hatte, ihn einmal an den Zaun gebunden hatte und alle Mädchen ihn verspottet hatten. Seitdem hatte das innere Kind immer Angst vor Frauen. Obwohl er rational seine Freundinnen hatte, konnte er sich ihnen innerlich nicht wirklich öffnen. Andererseits war da natürlich der Wunsch nach erfüllender Liebe mit Vertrauen und Offenheit, aber das Kind in ihm hatte in den unbewussten 95% immer dafür gesorgt, dass es dazu nicht kam und dass sich die „Nähe" dann erkauft wurde.

Ein anderer 47jähriger italienischer Patient berichtete, dass er von seinen Eltern als Kind und Jugendlicher in eine bestimmte Berufslaufbahn gedrängt wurde (Diplomat, da sein Vater und Großvater auch Diplomaten waren). Im Unterbewusstsein „wusste" er, dass er seine Seele vergewaltigte, weil er eigentlich nicht dafür gemacht war, ständig nett zu sein, auf Empfängen zu lächeln, ständig mit fremden Menschen zusammen zu sein, ständig wieder an neuen Orten zu wohnen und immer mehr den Kontakt zu den Menschen (zu Hause in Italien) zu verlieren, die ihm wichtig waren. Er war seinen Eltern hörig und sein inneres Kind wandte sich gegen ihn und boykottierte ihn mit selbstzerstörerischem Verhalten, das in der Sucht gipfelte. Heilung konnte bei ihm erst eintreten, als er sich seinem inneren Kind öffnete und Frieden mit ihm schloss. Er hat sich nun nach Rom versetzen lassen, wo er in der Verwaltung arbeitete. Neben der Therapie war dies ein wichtiger Schritt in seiner Lebensführung, um aus der Sucht auszubrechen.

Wichtig ist, dass, je mehr Sie sich sich selbst bewusst sind in den Situationen des Suchtdrucks, je mehr Sie von den 95% ans Tageslicht gezerrt haben, desto eher können Sie anders reagieren als Sie das in der Vergangenheit getan haben.

Anders ausgedrückt: insgesamt werden Sie dann weniger Kaufen als Suchtmittel benötigen und wenn dann der Suchtdruck trotzdem da ist, dann haben Sie bessere Chancen, ihm nicht nachzugeben und stattdessen in der Situation zu analysieren, warum gerade jetzt der Suchtdruck da ist und was er Ihnen sagen will.

Und jetzt noch eine für Sie wahrscheinlich provokante, vielleicht aber auch beruhigende Aufforderung: Wenn Sie das nächste Mal Ihre Sucht ausleben, dann versuchen Sie sich doch auch einmal mit ein wenig Verständnis zu beobachten. Fühlen Sie, was in Ihnen vorgeht. Kämpfen Sie nicht dagegen an, sondern beobachten Sie Ihr inneres Kind. Das innere Kind wird Ihnen dafür danken. Es wird sich endlich mal ernst genommen fühlen und wird danach vielleicht nicht so schnell wie sonst wieder an die Oberfläche. Das ist ein Stück Liebe zu sich selbst, ein Stück Mitgefühl und Verständnis. Genau das müssen Sie lernen.

LiebeR LeserIn,
ein kleiner Ausflug, weg vom Inhalt dieses Buches. Ich habe eine Bitte an Sie. Es wäre supernett, falls Sie mir dort, wo Sie das Buch gekauft haben, eine kurze Rezension hinterlassen könnten und schreiben, was Sie vom Buch halten. Viele der Bücher dort haben eine riesige Anzahl an Rezensionen, und natürlich fast alle mit 5 Sternen. Es gibt Möglichkeiten, sich in kurzer Zeit ganz viele positive Beurteilungen zu „besorgen" – ich werde mich an solchen Dingen als Autor aber nicht beteiligen und habe dann lieber weniger, aber ehrliche Rezensionen. Trotzdem ist es natürlich so, dass man mit wenigen Rezensionen auch weniger verkauft, weil das Buch weiter

unten angezeigt wird und sich potenzielle Leser kaum ein Urteil bilden können. Deswegen spreche ich Sie also auf diesem Weg an. Falls Sie sich ein paar Minuten Zeit nähmen, würde ich mich riesig freuen. Vielen Dank im Voraus ☺
Frank Lavario

Ihre Sucht ist Problemlösungsstrategie

Werden Sie sich bewusst, dass Sie ein Suchtgedächtnis haben. **Das Gehirn von uns Menschen entwickelt ständig Strategien, wie wir besser überleben können. Überlegen Sie sich einmal: Das Kaufen hat Ihnen ja anfangs** *geholfen*. **Kaufen hat Ihnen Erleichterung verschafft. Sie hatten ein Problem und da war die Lösung – Kaufen. Warum sollte also Ihr Gehirn das beim nächsten Mal nicht wieder so in die Wege leiten?** Wieder Kaufen. Das Gehirn ist dazu da, bestimmte Erfolgsstrategien fest einzuprägen, so dass sie jederzeit ganz leicht wieder abrufbar sind. Der Teil des Gehirns, in dem diese Abläufe gespeichert sind, kann nicht unterscheiden zwischen kurzfristiger Lösung und langfristigem Schaden. Aber dieser Teil des Gehirns ist für unsere Willenskraft schwer zugänglich. Hier laufen die Prozesse im Unterbewussten ab.

Fahrradfahren ist eine andere Strategie, die Sie gelernt haben, um von A nach B zu kommen, bzw. Ihren Eltern als Fünfjährige(r) zu gefallen. Versuchen Sie das mal mit Willenskraft wieder zu verlernen. Es geht nicht. Auch Ihre Kaufsucht werden Sie nie wieder verlernen. Das Suchtgedächtnis bleibt. Sie werden damit leben müssen. Freunden Sie sich mit der Idee an. Vielleicht wird es irgendwann in der Zukunft mal eine Möglichkeit geben, Wissen einfach chemisch oder elektrisch in unsere Gehirne zu implantieren und bereits (falsch) Gelerntes einfach zu überschreiben. Aber in absehbarer Zukunft wird dies nicht passieren. Somit wird Ihre Kaufsucht bis an Ihr Lebensende immer irgendwo im Gehirn verankert sein.

Die gute Nachricht ist aber, dass das Gelernte einerseits in den Hintergrund gedrängt werden kann. Manchmal hören Sie ja ein Lied im Radio, das Sie schon ganz lange nicht mehr gehört haben, bei dem Sie zwar sofort wieder mitsingen oder zumindest mitsummen können, aber an das Sie halt lange Zeit gar nicht mehr gedacht haben. Danach haben Sie es noch eine Weile im Kopf, und dann verschwindet es wieder für lange Zeit. Und den Text von dem Lied, den konnten Sie vielleicht früher mal auswendig, und jetzt nur noch bruchstückhaft. So arbeitet das Gehirn. Ganz vergessen werden Sie es nie.

Und andererseits können Sie beginnen, neue Lösungsstrategien im Gehirn zu verankern. Am Anfang sind das dann Außenseiterstrategien. Außenseiterstrategien heißt, dass das Gehirn ja tausendmal die gewohnte Strategie gefahren ist (Kaufen), und jetzt plötzlich soll es etwas anderes ausprobieren. Aber je häufiger Sie sie anwenden, umso normaler werden sie, umso akzeptabler werden sie für das Unbewusste im Gehirn. Wenn Sie ein neues Lied zum allerersten Mal hören, finden Sie Ihr bisheriges Lieblingslied auf jeden Fall noch besser. Aber wenn Sie das neue Lied dann ein paar Mal hören, den Text lernen und mitsingen können, dann verliert das alte Lied langsam seinen Reiz, und Sie holen sich die gute Laune aus dem Neuen. Auch einige der Strategien aus diesem Buch hier könnten sogar Außenseiterstrategien werden.

Das, was bei Ihnen falsch gelaufen ist, war, dass Sie als Jugendlicher oder wahrscheinlich als Kind keine Alternativstrategien gefunden haben, mit Ihren Problemen umzugehen. „Zufällig" war dann später Kaufen die Strategie, und da Kaufen auf Dauer eine sehr starke, tief in die Psyche hineinreichende Strategie ist, war es dann umso schwerer, andere Möglichkeiten der Problemlösung zu finden, egal, ob Sie es gewollt hätten oder nicht. Lassen Sie uns an dieser Stelle einmal einige der Fragen / Aufgaben / Übungen einfügen. Es geht u.a. darum, herauszufinden, inwieweit Ihre Sucht Problemlösungsstrategie war. Oft sind Einsichten und

Verständnis die Voraussetzungen, um die entscheidenden Schritte aus der Sucht heraus zu machen.

Der Tag, an dem Sie dieses Buch hier bestellt haben, war nicht das erste Mal, dass Sie einen Versuch unternommen haben, gegen Ihre Sucht vorzugehen. Wahrscheinlich liegen schon unzählige Versuche hinter Ihnen, in denen Sie alleine gekämpft haben und jedes Mal früher oder später gescheitert sind. Lassen Sie uns dies einmal anhand mehrerer Fragen aufarbeiten.

1) Schreiben Sie einmal alle Versuche auf, die Sie unternommen haben, um Ihrer Sucht zu entkommen – gehen Sie dabei so weit zurück, wie Sie sich erinnern. Notieren Sie sich auch, was Sie jeweils unternommen haben, um den Kampf zu gewinnen, d.h. an welche Strohhalme haben Sie sich geklammert?

_____
_____
_____
_____
_____
_____
_____
_____

2) Wie sind diese Versuche gescheitert? Was war der Auslöser? Wie hatten Sie sich dann gefühlt, als Ihr Versuch gescheitert war? Was waren Ihre Reaktionen auf diese Gefühle?

_____
_____
_____
_____
_____
_____
_____
_____

3) Haben Sie bei Ihren Versuchen vor allem probiert, die Symptome – also Ihr Suchtverhalten – zu unterdrücken, oder sind Sie auch an die Erforschung gegangen, warum Sie süchtig sind? Haben Sie versucht, Ihre tieferliegenden Probleme zu lösen und echte Alternativen für Ihr Leben zu entwickeln? Sind Sie *gegen* sich vorgegangen, oder haben Sie versucht, behutsam *mit* sich zu arbeiten?

_____
_____
_____
_____
_____
_____
_____
_____

4) Eine wichtige Erkenntnis, die viele an dieser Stelle gewinnen, ist, dass man mit Härte gegen sich selber nicht weiterkommt, sondern nur mit Verständnis und Unterstützung für sich selbst.

Können Sie diese Einschätzung teilen? Wenn ja, was heißt das für Sie ab sofort? Was werden Sie an Ihren Einstellungen sich selbst gegenüber ändern? Inwieweit werden Sie sich anders verhalten?
_____
_____
_____
_____
_____

5) Glauben Sie, dass Sie jemals eine Chance hatten, ohne fremde Hilfe (so wie jetzt mit diesem Buch) aus Ihrer Sucht herauszukommen? Haben Sie tapfer gekämpft, mit vielen guten Vorsätzen, aber letztendlich aussichtslos? Hätten Sie selbst mit noch größerer Willenskraft *dauerhaften* Erfolg gehabt?
_____
_____
_____
_____
_____
_____
_____

6) Was halten Sie von unserer These, dass all diese Kämpfe notwendig waren, um zum heutigen Punkt zu kommen, wo Sie fremde Hilfe in Anspruch nehmen? Hätten Sie oder jemand anderes in Ihrer Situation sich sofort – also vor Jahren schon – fremde Hilfe geholt?
_____
_____
_____
_____
_____
_____

7) Sie haben schon so oft versucht, von Ihrer Sucht loszukommen – und haben auch bis heute nicht aufgegeben. Was sagt das Positives über Ihren Charakter aus?
_____
_____
_____
_____
_____
_____

8) Nach all dem, was Sie jetzt aufgeschrieben haben: haben Sie das Recht, sich als Verlierer oder Schwächling zu fühlen? Ist es nicht unlogisch, sich schwach oder gar schlecht zu fühlen, wenn man immer wieder aufsteht und es neu probiert? Gibt es nicht vielmehr eine unglaubliche positive Energie in Ihnen, die nach Freiheit strebt? Eine starke lebensbejahende Energie, die Ihnen große neue Möglichkeiten für die Zukunft bietet, wenn sie durch die

richtige Hilfe von außen unterstützt wird? Gibt es nicht auch viele Menschen, die unter traurigen und unbefriedigenden Umständen leben, aber im Gegensatz zu Ihnen absolut nichts dagegen tun wollen und den ganzen Tag auf der Couch sitzen? Schreiben Sie einmal mindestens fünf positive Dinge in Bezug auf sich und Ihre Sucht auf!

_____
_____
_____
_____
_____
_____
_____
_____
_____
_____
_____

Gehen Sie der Frage auf den Grund, warum Sie Kaufen als Droge eingesetzt haben. Lassen Sie uns an dieser Stelle damit einmal beginnen.

9) Erinnern Sie sich an Ihre ersten Erfahrungen mit dem Kaufen. Wann genau und was genau war das? Wie hat sich das angefühlt? Können Sie sich noch daran erinnern, was Sie damals gedacht haben?

_____
_____
_____
_____
_____

10) Welches waren die nächsten Erfahrungen? Wie ging es bis ins Erwachsenenalter hinein weiter?

_____
_____
_____
_____
_____

11) Wann haben Sie zum ersten Mal gedacht, dass Ihr Kaufverhalten nicht normal ist? Wann kam in Ihnen der Verdacht auf, dass Kaufen zu einer Sucht wird? Warum haben Sie das gedacht, d.h. was hatte sich im Vergleich zu vorher verändert? Und begann – im Nachhinein betrachtet – die Sucht vielleicht schon früher, auch wenn Sie es erst zu einem späteren Zeitpunkt gemerkt haben?

_____
_____

12) Erinnern Sie sich bitte an die Zeit, die Sie gerade aufgeschrieben haben. Als Sie dachten, dass Kaufen zu einer Sucht wird – wozu haben Sie damals Kaufen eingesetzt? Fühlten Sie vielleicht Spannungen in Ihnen, die Sie anders nicht zu beruhigen wussten? Hatten Sie vielleicht Minderwertigkeitsgefühle, die Sie kompensieren wollten, indem Sie ständig masturbierten oder eine Eroberung nach der anderen machten und sich dabei toll fühlten? Welche Probleme in Ihrem Leben wollten Sie vielleicht durch Kaufen betäuben? Denken Sie insbesondere an Eltern, Geschwister, Schule / Uni / Ausbildung, Freizeit, Beruf. Jeder Mensch tut, das was er tut, immer zu einem bestimmten Zweck – so sind wir nun einmal – d.h. also: zu welchem Zweck hatten Sie damals Kaufen eingesetzt?

13) Beantworten Sie Frage 12 noch einmal – diesmal versetzen Sie sich aber bitte, so gut Sie das schaffen, in die Lage und die Lebenssituation des Kindes / Jugendlichen / jungen Mannes / Frau, der/die Sie damals waren und vermeiden bitte, mit Ihrem heutigen Erfahrungsschatz und Ihrer heutigen Reife auf damals zu schauen. Welche Sorgen und Ängste hatten Sie damals? Welche Begrenzungen gab es damals in Ihrem Leben? Warum hatten Sie Kaufen als Droge eingesetzt? Welche positiven Effekte hatte das (hätte es keine positiven Auswirkungen gehabt, hätten Sie es ja nicht immer wieder getan)? Hätte es damals (aus *damaliger* Sicht!) Alternativen gegeben, wie Sie die gleichen positiven Effekte hätten bekommen können?

14) Wenn Sie heute eine Zeitreise unternehmen könnten in die damalige Zeit, und wenn Sie Ihre heutige Lebenserfahrung mitnehmen könnten, was würden Sie dann dem damaligen Jungen / Mädchen / Jugendlichen / jungen Mann/Frau, der/die Sie waren (nennen wir es ab jetzt zur Vereinfachung „inneres Kind"), raten, anders zu machen? Hätte es aus heutiger Sicht, also mit all dem, was Sie seit damals bis heute gelernt haben, eine bessere Lösung für die damaligen Probleme gegeben als Kaufen?

15) Hatte Ihr inneres Kind (oder Jugendlicher oder junger Erwachsene(r)) damals böswillig gehandelt? Wenn nicht, können Sie Verständnis und Mitgefühl aufbringen für dieses innere Kind in Ihnen? War es schuld an dem, was im weiteren Suchtverlauf alles passierte, oder gab es gute Gründe, warum die Dinge so geschehen sind, wie sie geschehen sind?

Machen Sie sich bewusst, dass Sie nicht nur der Mensch sind, der Sie heute sind. All das, was Sie damals waren, bestimmt immer noch sehr stark mit, was Sie heute denken, fühlen und tun. Anders formuliert: all das, was Sie damals waren, sind Sie immer noch! Erst wenn Sie sich für Ihre Fehlern von damals – die aus heutiger Sicht vielleicht gar keine Fehler waren – verzeihen können, schaffen Sie eine der Voraussetzungen, um mit sich Frieden zu finden und über die Sucht hinwegzukommen. Haben Sie dazu möglicherweise noch zusätzliche Gedanken?

Verstehen Sie Ihre Gehirnchemie

Sucht ist eine Krankheit. Wie bei allen Krankheiten passiert etwas in Ihrem Körper. Was aber passiert genau im Gehirn – und wie können wir das jetzt mit möglichst einfachen Worten erklären?

Stellen Sie sich mal eine ganz große Familie vor. Mit ganz vielen Brüdern. Jetzt sieht der erste Bruder A plötzlich irgendetwas Interessantes, z.B. ein Sonderangebot. Und sofort ruft er beim Getränkehändler A an und sagt ihm: „Hey, bitte liefer doch jetzt gleich einen Kasten Bier an meinen Bruder B." Und so geschieht es auch. Der Bruder B sagt sich dann: Das mache ich jetzt auch. Und so ruft er den nächsten Getränkehändler B an und lässt ebenfalls einen Kasten Bier an den Bruder C ausliefern. Und so geht es weiter mit den Brüdern D, E, F, ... bis plötzlich eine Riesenparty mit viel Stimmung und Aufregung in Gang ist, ein regelrechter Rausch, bei dem am Ende niemand mehr so richtig weiß, was los ist. Und danach kommt dann irgendwann der riesengroße Kater.

Die Brüder A, B, C, ... sind die Nervenzellen im Gehirn. Davon gibt es eine riesige Anzahl. Die Getränkehändler sind die Synapsen, diese sind durch Axone (die Telefonleitungen) mit den Nervenzellen (den Brüdern) verbunden. Die Nervenzellen senden also elektrische Impulse an die Synapsen, wenn sie von außen stimuliert werden (das Sonderangebot). Die Synapsen (Getränkehändler) wiederum senden chemische Impulse, bzw. chemische Substanzen aus (Bierkästen), die dann die nächste Nervenzelle erreichen und anregen, so dass eine gewaltige Kettenreaktion entsteht. Statt Bierkästen werden im Gehirn in Wirklichkeit Botenstoffe (Neurotransmitter) ausgesendet. Dies sind z.B. Dopamin, Endorphin und Serotonin, die sogenannten „Glückshormone". In unserem Beispiel sind die Bierkästen die Glückshormone (und bei manchem Mann haben sie ja auch die gleiche Wirkung).

Jetzt kommt aber etwas Interessantes dazu. Die Brüder sind nämlich faul, sitzen lieber den ganzen Tag auf der Couch und haben keine große Energie, um zum Telefonhörer zu greifen.

Und die Getränkehändler wiederum haben schon soviel Umsatz gemacht und haben Ihren Ruhestand schon erarbeitet, so dass sie auch nicht jedes Mal die Kästen ausliefern. Das erste Sonderangebot ist ja noch interessant genug, das zweite und dritte vielleicht auch, aber danach bedarf es schon ein wenig mehr, um sich aufzuraffen und dem Bruder B über den Getränkehandler einen Kasten Bier zukommen zu lassen. Das heißt aufs Gehirn bezogen, dass die Nervenzellen und die Synapsen sich an bestimmte Reize gewöhnen und dann keine oder weniger Botenstoffe („Glückshormone") ausschütten. Es muss schon ein bisschen mehr sein. Um die gleiche Menge „Glück" zu empfinden, müssen die Reize von außen immer mehr gesteigert werden.

Dies ist ja auch in anderen Bereichen so. Falls Sie z.B. Fußballfan sind und Ihre Mannschaft gewinnt plötzlich 7:0, dann ist das ja wirklich aufregend und gibt Anlass zu viel Freude. Wenn sie in der darauffolgenden Woche wieder 7:0 gewinnt, ist das immer noch unglaublich und fast genauso viel Euphorie wird empfunden. Wenn sie aber fortan jede Woche 7:0 gewinnt, gewöhnen Sie sich daran, und dann bedarf es schon eines 15:0 oder eines 7:0 trotz 5 Spielern mit roten Karten, damit Sie noch einmal enthusiastisch werden. Aber da Sie nicht nur den Fußball in Ihrem Leben haben, ist das kein Problem, denn Sie finden ja andere Bereiche, in denen Sie auch Glücksgefühle empfinden. Und außerdem sind Sie dann im Vergleich zu einem Süchtigen nicht so abhängig davon, immer einen gewissen Grad an Glücksgefühlen im Körper zu haben.

Beim Süchtigen hingegen ist dieser gewisse Grad an Botenstoffen im Blut „gelernt" und notwendig. Gelernt wurde, dass man nur so seinen Problemen, seiner Einsamkeit und seiner fehlenden Liebe zu sich selbst entgehen kann. Wenn bestimmte Suchtreize auftreten, dann wird auch sofort das Suchtgedächtnis angesprochen.

Das heißt, Sie haben evtl. über viele Jahre gelernt, dass jetzt den Nervenzellen etwas geboten werden muss (Sie müssen jetzt Kaufen), damit die wiederum den Synapsen den Befehl geben können, Botenstoffe auszusenden. Wenn das, was den Nervenzellen geboten wird, aber nicht stark genug ist, dann entstehen diese Glücksgefühle nicht, und es kommt zu Frustration. Die Menge an Botenstoffen im Blut ist bereits niedriger als Sie es gewohnt sind, und jetzt kommt zusätzlich noch das Problem hinzu, dass Sie auch in einer Situation, in der Sie doch sonst immer für Nachschub sorgen, keine neuen Glücksgefühle produzieren. Frustration heißt dann, es gibt Entzugserscheinungen.

Entzugserscheinungen heißt, dass die Brüder immer unruhiger werden, dass sie sich beschweren, aufmucken, ihre Partys vermissen, Prügeleien beginnen und sich gegen das „System" stellen. Gesellschaftliche Unruhen sozusagen, bis dass der Nachschub doch noch kommt.

Sie könnten zwar versuchen, Kaufen sofort dramatisch zu reduzieren, aber das bewirkt dann diese inneren Unruhen, und früher oder später kommt dann der Aufstand, bzw. der Rückfall, und der bringt Sie dann meist in noch größere Probleme.

==Sinnvoller ist es, wenn Sie LANGSAM lernen, mit einem gewissen Maß an Unruhe umzugehen. Die Dosis an Kaufen sollten Sie pro Tag und Woche ganz langsam zurückfahren –== und nicht etwa radikal von heute auf morgen.

Es soll vermieden werden, dass es bei den Brüdern zu sozialen Unruhen kommt, zu einem Aufstand, der dann alle guten Vorsätze wieder zunichte macht. **Seien Sie also gar nicht zu ehrgeizig. Eine Sucht kann man nicht einfach mit Willenskraft „besiegen", dazu später mehr. Wenn Sie zu ehrgeizig an die Sache rangehen, ignorieren Sie die Gesetze Ihres Körpers und Ihres Gehirns.** Sie „brauchen" die Botenstoffe im Blut. Sie können damit umgehen, wenn die Dosis langsam reduziert wird. Das führt zwar auch zu Spannungen in Ihnen, aber Sie haben ja andererseits noch Ihren guten Willen, der diese *langsame* Reduzierung ausgleichen kann.

Es wurde vorhin gesagt, seien Sie nicht zu ehrgeizig. Genau so ist es auch gemeint. Sie haben so viele Jahre lang gelitten, jetzt kommt es auf ein paar Wochen mehr oder weniger auch nicht an. Sie haben noch Ihr ganzes Leben vor sich. Wenn Sie zu radikal vorgehen und zu schnell vom Kaufen wegkommen, dann rächt sich das schon bald. Wenn das Gehirn nicht die Stufen durchmacht von 100% zu 90% zu 80% etc., dann gehen bestimmte Lernstufen verloren. Wenn Sie beim Autofahren vom 5. Gang abrupt in den 1. Gang schalten, haben Sie eine gute Chance, dass sich Ihr Getriebe oder Ihr Motor verabschiedet.

Das Gehirn muss die Stufen herunter mitmachen. Es muss lernen, dass es auch leben kann mit 90% der vom Kaufen ausgeschütteten Botenstoffe. Vor allem, wenn es von anderer Seite neue Botenstoffe bekommt (dazu kommen wir später noch). Dann 80%, dann 70% usw. Wenn das Gehirn dies lernt und merkt, dass das funktioniert und gar kein so radikaler Wandel ist wie es am Anfang geglaubt hat, dann sind die Chancen viel größer, dass es bei Rückfällen nicht wieder auf 100% hochschießt und alles wieder von vorne losgeht. Denn dann sind die Stufen dazwischen ja auch gelernt, und der Rückfall bringt Sie z.B. von 40% auf nur 70%. Und Rückfälle werden kommen, da seien Sie sich mal sicher! Es ist auch gar nicht schlecht, sich gedanklich schon mal darüber im Klaren zu sein, denn dann ist die Enttäuschung nicht ganz so groß. Wir werden darauf an anderer Stelle noch näher eingehen.

Wichtig ist hier auch der Gedanke, dass Sie ja Zeit brauchen, um alternative Quellen der Glückshormone zu entwickeln. Am Anfang schütten Sie ja Botenstoffe aus, weil Sie enthusiastisch sind, dass Sie jetzt dieses Buch durcharbeiten und kleine Erfolgserlebnisse haben. Aber das wird irgendwann nachlassen. Sie werden also lernen müssen – und wir erklären später noch wie – dieses Glück von woanders zu bekommen. Das geht aber nicht von heute auf morgen. Das heißt, wenn Sie das Kaufen zu schnell reduzieren, dann haben Sie nicht genug ausgleichende Botenstoffe von anderen Dingen, und dann macht sich diese Spannung in Ihnen breit, die Sie zu einem schweren Rückfall bringt.

Was also sollten Sie aus diesem Tipp mitnehmen?

Erstens: Es ehrt Sie, wenn Sie jetzt mit ganz viel Schwung und Elan und einem Riesenehrgeiz an die Sache gehen, aber lassen Sie sich Zeit. Es ist langfristig besser. Ihr Körper kann Ihrem Willen nicht so schnell folgen. Versuchen Sie niemals, sofort alle Suchtaktivitäten aus Ihrem Leben zu verbannen. Das kann Ihr Gehirn nicht! Das können Sie nicht. Es geht gehirnchemisch nicht. Das hat nichts mit Ihrem Charakter oder fehlender Willenskraft zu tun. Tun Sie es Schritt für Schritt – dann klappt es auch, weil Sie dann in Harmonie mit Ihrer Gehirnchemie vorgehen. Ansonsten kämpfen Sie einen aussichtslosen Kampf.

Zweitens: Denken Sie über das gerade Gelesene nach. Können Sie schon verstehen, dass es nicht sinnvoll ist, in Scham und Schuldgedanken zu versinken, sich schlecht zu fühlen, sich Vorwürfe zu machen, zu denken, man sei wertlos etc.? Nicht nur, dass Sie damit Ihre Sucht verstärken. Es ist vielmehr die Biologie, es sind die chemischen Prozesse in Ihrem Gehirn, die Sie das tun lassen, was Sie tun. Deswegen sind Sie kein schlechter Mensch. Wenn der Prozess erst einmal angelaufen ist, kommen Sie da mit Willenskraft allein nicht wieder heraus. Sie brauchen dann solche Einsichten wie hier aus dem Buch, um sich zu befreien.

Ihr inneres Kind lieben

Jetzt kommt ein ganz wichtiger Punkt. Sie müssen Ihre Kindheit und Jugend erforschen, denn Studien mit Kaufsüchtigen zeigen, dass ein Großteil von ihnen eine äußerst schwierige Kindheit und Jugend hatten.

Typische Probleme waren: Mobbing in der Schule, Prügel im Elternhaus, Einsamkeit, emotionale Erniedrigung („du bist nichts wert", „wärst du doch nie geboren worden", Auslachen).

Aber schämen Sie sich nicht, denn es ist nicht *Ihre* Schuld. Ein Teil in Ihrem Inneren ist ein Kind geblieben. Ein Teil von Ihnen wurde in Ihrer Kindheit so sehr niedergemacht, so sehr verletzt, so sehr gemobbt, dass dieser Teil Ihrer Seele sich damals zurückgezogen hat und nicht mehr gewachsen ist.

Das fünf-, acht- oder zwölfjährige Kind in Ihnen hat damals aus Verzweiflung unbewusst eine Strategie entwickelt, die da heißt: „ich mache jetzt die Schotten dicht, ich lasse niemanden mehr an mich ran, ich bin so schlecht, ich habe sowieso nichts besseres verdient."

Schließen Sie die Augen, machen Sie es sich bequem, und dann gehen Sie in Ihren Gedanken zurück in die Vergangenheit.

„Aber die war doch schrecklich, da will ich nicht mehr hin zurück. Ich will damit nichts mehr zu tun haben." werden jetzt einige vielleicht sagen.

Doch, dahin sollen Sie jetzt zurück, diesmal aber in einer ganz anderen Weise, als Sie sonst an Ihre Kindheit dachten. Eine Art und Weise, die Ihnen gut tun wird. Gehen Sie zurück in die Zeit, als Sie fünf, sieben oder elf Jahre alt waren, egal, aber es sollte ein Moment sein, in dem es Ihnen NICHT gut ging, in dem Sie gelitten haben. Vielleicht kommt Ihnen so ein Moment jetzt sofort in den Sinn, vielleicht brauchen Sie aber auch Hilfe, z.B. könnten Sie sich zuerst an Musik aus jener Zeit erinnern, an Ihre Lieblingslieder, oder Sie erinnern sich an Ihre Schule, wie Ihre Lehrer aussahen oder an Mitschüler, oder an Ihr Elternhaus, an das Wohnzimmer, an die Küche, an ihr eigenes Zimmer.

Wichtig ist aber, dass Sie irgendwann zu einer Situation kommen, in der Sie gelitten haben. Vielleicht kommen Sie gar nicht sofort an die wirklich schlimmen Momente, weil die vielleicht vom Gehirn ins Unterbewusstsein verdrängt worden sind - so funktioniert das Gehirn. Aber das ist im Moment gar nicht so entscheidend.

Wichtig ist, dass Sie sich selbst noch einmal sehen, wie Sie damals waren. Sehen und erleben Sie sich in Ihren Gedanken noch einmal, wie verängstigt Sie in der damaligen Situation waren. Was sehen und fühlen Sie? Angst? Verzweiflung? Trauer? Tränen? Prügel? Versuchen Sie, SICH SELBST als kleines Kind zu sehen, so realistisch wie möglich.

Und jetzt stellen Sie sich vor, dass Sie dieses kleine Kind in den Arm nehmen können, es trösten können, es in Ihren Armen weinen lassen, ihm wieder Zuversicht geben, aber vor allem auch, ihm zu sagen, wie recht es hat mit seinem Schmerz, seiner Verzweiflung und seiner Angst. Verstehen Sie das kleine Kind in Ihnen. Sagen Sie ihm, dass das, was geschieht, ungerecht ist,

dass es nicht an ihm liegt, sondern an der Umgebung, an den Eltern, den Mitschülern, den Geschwistern, an wem auch immer. Nehmen Sie das Kind in den Arm und LIEBEN Sie es, sagen Sie ihm, dass es nicht schuld ist, dass es nicht schlecht ist und dass es etwas wert ist.

Weinen Sie ruhig mit dem Kind.

Diese Übung ist natürlich besonders „leicht", wenn Sie zuhause sind. Aber Sie können auch mit dem Auto rechts ran fahren oder in einer Bar, in einem Kaufhaus oder im Büro die Toilette aufsuchen und die Übung dort durchführen. Vielleicht stören Sie die Geräusche, wenn Sie nicht zuhause sind. Deshalb haben Sie ab jetzt immer zwei Ohrstöpsel mit, die Sie irgendwo in der Hosentasche, in der Jackentasche oder im Münzfach Ihres Portemonnaies verstauen.

Mit dieser Übung werden sehr tiefliegende Gefühle angesprochen, die viel stärker sind als die Gier, die Sie empfinden, wenn der Suchtdruck kommt. Eine der Ursachen für Kaufsucht ist auch die fehlende Selbstliebe, oft sogar Selbsthass, der tief in Ihnen schlummert.

Das Lieben Ihres inneren Kindes hat sehr positive Auswirkungen. Das kleine Kind zu lieben, das Sie damals waren, fällt Ihnen meist einfacher als sich selbst zu lieben. Sie selbst, das ist für Sie aktuell vielleicht nur der suchtkranke Mensch. Den kann man doch nicht lieben, der macht doch alles falsch, der hat doch nur seine Gier.

Aber ein kleines Kind, das muss man doch mögen, das ist doch so unschuldig. Genau! Unschuldig. Und das waren SIE! Sie nehmen sich selbst in den Arm, und das ist ein Riesenschritt. Sich mit sich selbst anzufreunden. Auch wenn es nur ein Teil von Ihnen ist, der Teil, der Sie mal waren, damals, weit vor Ihrer Sucht. Und Sie spenden dem kleinen Kind Trost. Sie tun etwas Gutes, wo Sie doch sonst den ganzen Tag nur Ihrer Sucht nachgehen und – wie Sie leider fälschlicherweise oft glauben – nicht so viel wert sind.

Das hört sich jetzt vielleicht etwas theoretisch an, aber probieren Sie es aus. Je besser es Ihnen gelingt, sich in die damalige Zeit und in eine ganz konkrete Situation hineinzuversetzen, umso beeindruckender können die Ergebnisse sein. Später werden wir Ihnen auch progressive Muskelentspannung vorstellen, eine der meistverbreiteten Methoden, um zu entspannen und solche gedanklichen Reisen unternehmen zu können. Es gibt dann auch ganz konkrete Beispiele und Texte, wie Sie sich Ihre Heilung vorstellen, wie Sie in Ihre Kindheit zurückkreisen und auch, wie Sie mit den Menschen umgehen, die Ihnen weh getan haben im Leben.

„Ja, aber wie soll ich es denn schaffen, mich auf irgendwelche Kindheitserlebnisse zu konzentrieren, wenn ich wieder akuten Suchtdruck habe?"

Gute Frage. Am Anfang fällt das vielen schwer. Ihr inneres Kind zu lieben, das ist ein ganz wichtiger Baustein im Heilungsprozess. Gerade in Drucksituationen kann diese Übung helfen. Und jetzt zeigen wir Ihnen, wie Sie das hinkriegen können.

Erstens bedarf es Vorbereitung. Das heißt, Sie müssen schon in guten Zeiten, also in einer ruhigen Stunde, wenn Sie keinen Suchtdruck haben, z. B. jetzt sofort, sich zwei oder drei Situationen aufschreiben, in die Sie sich dann zurücksetzen wollen, wenn es mal wieder ganz schlimm wird.

Man nennt so etwas auch Teil eines „Notfallkoffers". Schreiben Sie sich diese Situationen auf ein Blatt Papier, das Sie immer bei sich tragen, z.B. im Portemonnaie. Schreiben Sie sich gegebenenfalls auch schon ein paar Stichworte zu jeder Situation auf, dann fällt es Ihnen leichter, Ihre Gedanken bei Suchtdruck schnell und nachhaltig von Kaufen weg zu Ihrem inneren Kind zu bewegen.

Zweitens bedarf es eines Gummibandes, das auch in einem späteren Tipp noch zur Geltung kommen wird. Sie tragen ein kleines Gummiband (z.B. in Schreibwarengeschäften zu kaufen) ständig am Handgelenk, und wenn der Suchtdruck richtig stark wird, dann zögern Sie nicht, auch richtig stark zu zupfen und sich damit einen kurzen Schmerz zuzufügen. Das betäubt kurz, gibt Ihnen die Chance, Ihre Gedanken neu zu ordnen, und dann kommt das vorher beschriebene Blatt Papier zum Einsatz.

Und drittens können Sie Ihre Gedankenreise auch noch erleichtern, indem Sie etwas dabei haben, dass Sie an die Kindheit erinnert.

Das kann z.B. ein Werther's Echte – Bonbon sein, das Sie für solche Notfälle ständig dabei haben und das Sie vielleicht damals ganz besonders gern gelutscht haben, oder ein Photo aus der damaligen Zeit (mit einer positiven Erinnerung versehen!) oder eine Briefmarke, die Sie ständig im Portemonnaie mit sich führen, falls Sie als Kind Briefmarken gesammelt haben, oder oder oder.

Ihr inneres Kind lieben. Vielleicht der schwierigste Tipp. Aber wahrscheinlich auch der, für den Sie sich besonders viel Mühe machen sollten und den Sie besonders intensiv vorbereiten sollten. Denn die Belohnung kann wunderschön sein. Oftmals sind Sie mit Ihrer Kaufsucht nur auf der Suche nach Liebe, und der Suchtdruck kommt besonders dann, wenn die innere Leere mal wieder kaum auszuhalten ist oder wenn Sie sich mal wieder bewusst oder unbewusst besonders ungeliebt oder zurückgestoßen fühlen. Dazu zählt übrigens auch Stress! Wenn Sie es also dann schaffen, Ihrem inneren Kind diese Liebe zu geben, die Sie eigentlich suchen, dann kann das eine unglaublich kraftvolle Art sein, den Suchtdruck erst einmal zu verdrängen.

Die Jäger-Geschichte

Jan Geurtz hat ein sehr gutes und provokantes Buch über Süchte geschrieben. Es heißt „Suchtfrei. Die Illusion durchschauen." Darin gibt er ein Beispiel dafür, wie wir ein Leben lang leiden können durch ein uns in der Vergangenheit zu Unrecht zugefügtes Selbstbild. Wir zitieren aus seinem Buch:

„Ein Jäger läuft mit seinem Gewehr unter dem Arm durch den Wald auf der Suche nach Wild. Er sieht Bewegung zwischen den Sträuchern, legt an und schießt. Es ist noch etwas Geraschel zu hören, dann ist es still. Er kommt zu der Stelle und sieht dann zu seinem Entsetzen dort ein blutendes Kind liegen, tot. Er heult vor Schreck, Bedauern und Schuld. Der Schmerz ist größer als er ertragen kann, und er gerät in Panik. Das ist nicht passiert, das darf nicht passiert sein! Wie in einem Rausch gräbt er ein Loch, vergräbt das Kind und verwischt alle Spuren. Danach wird er etwas ruhiger.

Er geht nach Hause, und es gelingt ihm immer besser, das Geschehene zu verdrängen. Natürlich fühlt er sich schuldig, als er in der Zeitung die Berichte über ein vermisstes Kind liest. Er zieht in eine andere Stadt und geht nie wieder auf die Jagd. Er wird schüchtern in der Anwesenheit kleiner Kinder, obwohl er niemals unfreundlich zu ihnen ist. Er bekommt in seiner neuen Umgebung bald das Image eines schroffen und weltfremden Mannes. Bei jedem freundschaftlichen Kontakt hat er das Gefühl von Distanz und Unehrlichkeit und geht diesen Kontakten mehr und mehr aus dem Weg. Er wird immer einsamer. An das dramatische Erlebnis in der Vergangenheit denkt er fast nie, aber die Art und Weise, wie er lebt, wie er mit anderen Menschen und sich selbst umgeht, kurz: fast alles, was er jetzt ist, basiert auf diesem dramatischen Ereignis oder genauer: auf seinem Glauben, dass er schlecht und schuldig ist.

Was würde wohl mit diesem Menschen geschehen, wenn er eines Tages hören würde, dass nicht lange nach seinem Wegzug der Autofahrer gefasst wurde, der das Kind angefahren hat, wodurch es in den Sträuchern neben der Straße landete und dort starb? Was würde passieren, wenn er erfahren würde, dass überhaupt nichts Falsches in ihm ist, dass alles auf einem Irrtum beruht? Seine ganze Identität, sein Selbstbild und Image sind auf diesem negativen Glauben von Schuld und Schlechtigkeit aufgebaut. Seine ganze Lebensweise ist eine automatische Reaktion auf diesen Glauben und ein selbstverständlicher Versuch, diesen Schmerz nicht mehr zu spüren. Doch was für Schmerzen, was für eine Einsamkeit hat ihm dieser Mechanismus eingebracht."

Dies ist ein Gleichnis. Ähnlich wird es nämlich Ihnen ergangen sein. Sie haben als Kind nicht die ganze Wahrheit sehen können. Ihre geliebte und verehrte Mama oder der Papa waren plötzlich böse mit Ihnen und haben Sie nicht mehr geliebt. Also müssen Sie einen schrecklichen Fehler gemacht haben. Nein, Sie sind falsch, ein ganz schlechter Mensch. Aber Sie nehmen sich vor, diese Fehler nicht noch einmal zu machen. Ab jetzt weinen Sie nicht mehr, schlucken allen Ärger besser hinunter, spielen eine Rolle, verdrängen, dass Sie böse sind. Sind dafür vielleicht zum Ausgleich gut in der Schule oder im Sportverein, merken aber trotzdem, dass Ihnen etwas fehlt, dass da eine große Leere in Ihnen ist, und fühlen sich weiterhin irgendwie falsch, schlecht und schuldig. Und um diese Gefühle zu betäuben, flüchten Sie sich in Fernsehen, in Arbeit, in Drogen, in Alkohol, in immer neue Beziehungen oder eben ins Kaufen. Was für ein tragischer Irrtum, nicht wahr?!! In Wirklichkeit waren Sie klein und unschuldig, die anderen haben Sie nicht so im Leben willkommen geheißen, wie Sie es als kleines, zerbrechliches Wesen verdient hätten.

Und all dies wussten Sie bis heute nicht einmal. Jahrelanges Kopfzerbrechen, was mit Ihnen nicht stimmt. Selbstbestrafung, Selbsthass, innere Einsamkeit. Immer wieder Kaufen, auch um sich zu beweisen, dass Sie doch etwas wert sind – um dann in neuen Schuld- und Schamgefühlen zu versinken.

Nehmen Sie sich jetzt einmal eine Viertelstunde Zeit und denken Sie darüber nach, ob dieses Beispiel nicht auch auf Sie zutrifft! Auf Erfahrungen, die Sie in der Kindheit, Jugend oder im Erwachsenenleben gesammelt haben. Und was folgt daraus für Ihr weiteres Leben?

Sie wurden in Ihrer Kindheit zurückgestoßen. Daraufhin haben Sie sich gedacht: ich bin es schuld, ich bin nichts wert. Vor diesem Gefühl sind Sie seitdem davongelaufen und haben versucht, es zu verdecken und zu betäuben. Es ist nicht dumm, sich so zu verhalten und sich selbst nicht zu mögen, das ist vielmehr menschlich und steckt in allen von uns drin. Aber es ist nicht wahr! Wären Sie wirklich schlecht, würden Sie sich nicht schuldig fühlen. Wären Sie wirklich zum Alleinsein geboren, könnten Sie sich nicht einsam fühlen. Wären Sie wirklich nichts wert, hätten Sie gar nicht den Willen, von der Sucht wegzukommen. Erkennen Sie diesen großen Irrtum, diese große Lüge, auf der Ihr Leben aufgebaut ist! Und dann lassen Sie davon los! Erlauben Sie nicht mehr, dass diese Lüge Ihr Leben bestimmt. Kehren Sie zurück, und seien Sie wieder das positive, begeisterte, lebensbejahende und unschuldige Kind. Sie **dürfen** sich schlecht, dumm, schwach etc. fühlen, kämpfen Sie nicht gegen die Gedanken an, denn sie sind menschlich. Aber machen Sie sich jedesmal klar, warum Sie diese Gedanken haben und dass sie nicht wahr sind. Natürlich machen Sie Fehler, so wie jeder andere Mensch auch, aber Sie sind kein schlechter Mensch – das ist ein großer Unterschied. All die unglaubliche Energie, die Sie in die Sucht gesteckt haben, ist in Wirklichkeit die Energie, die Sie in den Kampf gegen Ihr schlechtes Selbstbild investiert haben! Wenn Sie diesen Kampf aufgeben, hört auch die Sucht auf, weil ihr die Energie fehlt.

Geben Sie Ihre Rachegedanken auf

Wir hatten in einem früheren Tipp ja bereits angedeutet, dass viele Süchtige Suchtverhalten = selbstschädigendes Verhalten an den Tag legen, um sich an anderen, die einem weh getan haben oder an sich selbst zu rächen. „Guck, wie schlecht es mir jetzt geht. Wenn du mich nicht so und so behandelt hättest / mich nicht verlassen hättest / ... , wäre das nicht passiert."

Falls Sie damit gar nichts anfangen konnten und meinen, mit Ihrem Leben habe das nichts zu tun, dann lesen Sie dieses Kapitel auch gar nicht erst. Wenn Sie sich jedoch in jenen Gedanken wiederfanden, dann lesen Sie weiter. Machen Sie sich bewusst, dass Sie einer Person, an der Sie sich rächen wollen, immer noch sehr viel Macht über Ihr heutiges Leben geben, und fragen Sie sich, ob sie das wert ist.

Rache an sich selbst wiederum kommt von zu unrecht gefühlten Schuldgefühlen und von völlig überzogenen Ansprüchen an sich selbst.

> **"Wer Rache sucht, sollte am besten gleich zwei Gräber graben."**
>
> Amerikanisches Sprichwort

Vergebung, das ist natürlich ein Thema so alt wie die Menschheitsgeschichte. Aber in den letzten Jahren hat es dazu viele neue Forschungen gegeben. Auslöser war gewissermaßen die „Kampagne für Vergebungsforschung" von Friedensnobelpreisträger Desmond Tutu und Jimmy Carter (ehemaliger US-Präsident). Herausgefunden wurde, dass die Kunst des Vergeben nicht nur positive Auswirkungen auf die psychische Gesundheit hat, sondern auch auf das körperliche Wohlbefinden. Es konnte nachgewiesen werden, dass Rücken- und Kopfschmerzen nachließen, Blutdruckwerte verbessert wurden, überschüssiges Körperfett abgebaut wurde und vieles mehr. Nicht vergeben heißt nämlich, das wurde nachgewiesen, dass sich die kontinuierlichen Rachegedanken im Körper festsetzen und sich in die Organe hineinfressen. Wir schütten im Gehirn ständig Giftstoffe aus, die sich dann im Körper verteilen. Nicht vergeben ist wie Gift trinken und warten, dass der andere stirbt.

Mehrere Strömungen sind wichtig zu erwähnen. **Erstens die Erkenntnis, dass sich Vergebung nicht auf die Vergangenheit bezieht, sondern auf die Gegenwart.** Solange wir grollen, uns als Opfer fühlen und anderen oder uns selbst die Schuld geben, hoffen wir unterbewusst, die Vergangenheit ändern zu können. Wir erleben das Geschehene immer wieder neu, gehen es immer wieder gedanklich (bewusst oder unbewusst) durch und hoffen auf ein anderes Ergebnis. Dies wird aber nie passieren. Statt dessen müssen wir uns bewusst machen, dass Vergeben die Gegenwart ändert. Vergeben heißt loslassen, ich entscheide mich dafür, dass ich ab jetzt kein Opfer mehr bin, dass ich ab jetzt Handlungsalternativen habe.

Dies führt zur zweiten Erkenntnis, nämlich der, dass Vergebung etwas ist, das wir für uns selbst tun müssen und nicht etwa für andere. Wir reinigen durch die Vergebung unsere Seele und unseren Körper von all den Giftstoffen, die wir all die Jahre hindurch produziert und gespeichert haben. Wir lassen all die negative Energie entweichen, die uns in unserer Sucht festgehalten hat. Vergeben lässt unser Selbstbewusstsein wachsen, denn im gleichen Maß, in dem das Gift aus unserem Körper entweicht, fließen neue, positive Gedanken durch unsere Seele. Verstehen Sie Vergeben vielmehr als Loslassen, denn im klassischen Sinne gehört zum Vergeben ja auch ein Schuldeingeständnis und Reue des Gegenübers. Wenn es die nicht gibt, könnten Sie ja sonst nie vergeben.

Drittens schließlich muss aufgeräumt werden mit dem Irrglauben, dass Vergeben auch bedeutet, dass daraus neue Freundschaft erwächst. Vielen Menschen fällt Verzeihen einfacher, wenn sie wissen, dass sie danach keinen Kontakt haben müssen mit dem Menschen, der ihnen weh getan hat. Verzeihen heißt also nicht unbedingt physisches Wiedersehen. Es ist vielmehr die Entscheidung für sich selbst, dass man jetzt loslassen darf und wieder vorangehen kann, dass man sich endgültig entfernen darf von dem Bösen, das geschehen ist, statt endlos daran festzuhalten. Führen Sie sich in diesem Zusammenhang auch einmal vor Augen, dass Verzeihen eigentlich die beste Rache ist.

Zum Verzeihen gehört viertens auch, anzuerkennen, dass jeder Mensch anders ist. Die Eltern, die den Jungen immer wieder schlagen oder ihn emotional vernachlässigen, tun evtl. auf ihre Art und Weise trotzdem immer noch das bestmögliche für ihr Kind. Sie haben es wahrscheinlich nicht anders gelernt und wissen es nicht besser. Das Kind trifft sicherlich keine Schuld, auch wenn sich trotzdem Scham- und Schuldgefühle im Kind festsetzen. Aber an dieser Stelle sei die provokante Frage erlaubt, ob die Eltern denn Schuld trifft. Und trifft Sie als Süchtige(r) denn Schuld, wenn Sie sich selbst jahrelang missbrauchen? Sie wussten oder konnten es doch nicht besser.

Ein chinesisches Sprichwort besagt: „Solange du dem anderen sein Anderssein nicht verzeihen kannst, bist du weitab vom Wege der Weisheit." Akzeptieren Sie also, dass jeder anders ist, und wenn Sie religiös sind, dann erinnern Sie sich daran, dass Gott die Menschen in ihrer ganzen Vielfalt erschaffen hat. Für Sie selbst heißt das aber auch: Kommen Sie runter von Ihren möglicherweise überzogenen Ansprüchen an sich selbst. Akzeptieren Sie, dass Sie anders sein dürfen als andere, auch anders als Ihr Idealbild von sich selbst. Und akzeptieren Sie, dass Sie nicht weniger wert sind als andere Menschen, nur weil Sie eine Sucht haben. Manche Religionen oder spirituelle Strömungen gehen sogar so weit, zu sagen, dass wir alle unschuldig sind und erst durch diese Einstellung absolutes Glück und Weisheit gefunden werden kann. Ob Ihnen dies in Ihrer konkreten Situation hilft, sei einmal dahingestellt.

„Vergeben bezieht sich nicht auf die Vergangenheit, sondern auf die Gegenwart". Was bedeutet dies, und was machen Sie daraus in Ihrem Leben?

_____
_____
_____
_____
_____

Außerdem hieß es: „Vergebung ist etwas, das wir nicht für andere tun, sondern für uns". Was bedeutet dies, und was machen Sie daraus in Ihrem Leben?

Weiterhin wurde erklärt: „Zum Verzeihen gehört auch, dass jeder Mensch anders ist." Auch hier wieder die Frage: Was bedeutet dies, und was machen Sie daraus in Ihrem Leben?

Setzen Sie sich ein realistisches Ziel

Jetzt wieder ein ganz entscheidender Punkt. Es geht Ihnen nicht gut, Sie sind ziemlich verzweifelt und Sie möchten gerne wieder raus aus dem Schlamassel, in den Sie geraten sind. Genau deshalb sind Sie ja hier gelandet und lesen jetzt diese Zeilen. Machen Sie sich aber auch bewusst, was für Sie eigentlich Heilung heißt. Wann wären Sie denn wieder zufrieden? Dies kann ja nicht Null Kaufen sein, denn dann könnten Sie auch genauso gut ins Kloster gehen, da gibt es nämlich auch nichts zu kaufen.

Sie sollten sich also überlegen, wann Sie das Gefühl hätten, dass Sie es geschafft haben. Sind 10% Ihres jetzigen Konsums das, was Sie wollen, oder 20%? Denken Sie auch an die Qualität. Wollen Sie nur noch das allernötigste kaufen? Wieviel „Luxus" wollen Sie sich gönnen – im Sinne von: eigentlich brauche ich es nicht, aber ich kaufe es trotzdem. Das machen ja viele Menschen immer wieder, auch ohne Kaufsucht.

Idealerweise definieren Sie, was für Sie ein gesundes Niveau an Kaufen ist und setzen sich als Ziel, alles andere auf Null herunterzufahren. So könnten Sie sich z.B. sonntags eine Liste aller Dinge machen, die Sie in der kommenden Woche benötigen und deswegen auch kaufen werden – und alles andere eben nicht. Was für Sie akzeptabel ist, das müssen Sie selber definieren, es gibt keine objektiv gültige Regel. Am ehesten kann man sagen, dass Sie ein gesundes Niveau erreicht haben, wenn Sie sich deswegen nicht mehr schlecht fühlen.

Aber erlauben Sie sich, ab und zu noch über die Stränge zu schlagen. Ja, Sie haben wahrscheinlich schon Schulden. Und trotzdem können Sie nicht einfach von heute auf morgen das Kaufen radikal auf nahe Null zurückfahren. Sie waren bisher *süchtig* nach Kaufen und Sie werden jetzt nicht von heute auf morgen heilig. Sie müssen mit der Wahl Ihres Ziels glücklich sein. Wenn man Sie zu überzeugen versucht, dass Sie 100% abstinent vom Kaufen leben sollen (so wie ein trockener Alkoholiker), dann wird Sie das unglücklich machen. Sie werden von Anfang an nicht das Ziel erreichen wollen und früher oder später rückfällig werden. Deshalb ist es viel sinnvoller, dass Sie sich – wenn Sie den Kopf frei von Suchtdruck haben, also hoffentlich jetzt – ein Ziel setzen, von dem Sie wissen, dass Sie damit auch dauerhaft glücklich sein werden. Mit „dauerhaft" ist hier ein Zeitraum von einem Jahr gemeint. Danach können Sie sich wieder ein neues Ziel setzen, wenn Sie bis dahin gut mit Ihrer Heilung fortgeschritten sind und Ihr Selbstbewusstsein entwickelt haben. Und das Ziel kann dann noch anspruchsvoller sein als das jetzige.

Wir empfehlen Ihnen an dieser Stelle erst einmal, sich aufzuschreiben, was Sie in einer typischen Woche alles an Geld (und Zeit) für Ihre Sucht aufwenden und sich dann daneben zu schreiben, wie eine akzeptable, „suchtfreie" Woche aussehen würde. Dann werden Sie sich noch einmal bewusst, dass Sie dieses Ziel nicht sofort erreichen können – denken Sie an Ihre Gehirnchemie und den berühmten Jojo-Effekt, und unterteilen Sie sich den Weg in viele kleine Schritte, z.B. jede Woche ein bisschen weniger. Sie könnten sich z.B. jede Woche ein neues Wochenziel setzen. Wir kommen später im Kapitel „Schalten Sie einen Gang zurück" noch einmal auf diese Thema zurück.

Nutzen Sie Ihre Rückfälle als große Chance

Sie nehmen sich vor, dass Sie aufhören, halten eine Weile durch und dann werden Sie rückfällig – und Sie verzweifeln (meist). Eine typische Situation. Lassen Sie uns dies einmal näher betrachten.

Rückfälle gehören zur Heilung wie Benzin zum Autofahren. Aber das ist natürlich leicht dahergesagt. In Wirklichkeit sind Rückfälle mit großem Abstand der Grund Nummer 1, wenn Heilung nicht gelingt. Das ist nicht per Definition so, denn genauso sind Rückfälle auch einer der wichtigsten Gründe, warum Heilung *gelingt*. Es kommt ganz darauf an, wie Sie mit Rückfällen umgehen. Entweder zieht es Sie so dermaßen runter, dass Sie alles hinschmeißen und aufgeben, spätestens beim zweiten Mal. Oder Sie lernen daraus und ziehen die richtigen Schlussfolgerungen für das nächste Mal.

> **"Rückfälle sind Umwege zum Ziel."**
>
> Zitat, das uns eine geheilte Lavario-Patientin geschickt hat.

Wer etwas Neues lernt, wird Fehler machen. Als Sie Fahrrad fahren lernten, sind Sie am Anfang wahrscheinlich auch ein paar Mal vom Rad gefallen. Als Sie für Ihre Führerscheinprüfung gelernt haben, haben Sie wahrscheinlich auch zumindest am Anfang viele der theoretischen Fragen falsch beantwortet, weil Sie es noch lernen mussten. Und jetzt lernen Sie wieder etwas Neues, nämlich suchtfrei zu sein. Und deshalb werden Sie auch dieses Mal wieder Fehler machen. Und diese Fehler heißen Ausrutscher (wenn es ein einziges Mal passiert und Sie sich danach sofort wieder zusammenreißen) und Rückfälle (wenn es nicht bei einem Ausrutscher bleibt).

Leider ist aber Ihre Anspruchshaltung an sich selbst wieder so groß, dass für Sie eine Welt zusammenbrechen wird, wenn Sie Ihren ersten richtigen Rückfall haben. Sie werden sich dann sagen: „Mist, jetzt geht alles wieder von vorne los. Ich bin einfach zu blöd. Ich kriege es nicht hin. Das war's." Damit haben Sie dann auch Recht, denn mit dieser Einstellung fallen Sie dann wirklich wieder auf Null zurück.

Sie müssen ein anderes Denken in Ihr Gehirn bekommen, und das geht so: „Na ja, ein Rückfall. Das ist jetzt zwar wirklich nicht toll, aber das ist jetzt auch eine Riesenchance. Nachdem ich jetzt eine gewisse Zeit lang schon Verbesserung verspürt habe, muss es ja einen Grund geben, warum ich ausgerechnet jetzt rückfällig geworden bin, und den Grund werde ich herausfinden. Und dann daraus lernen. Und mich auf den nächsten Rückfall noch besser vorbereiten."

Denn so haben Sie es ja auch bei der Führerscheinprüfung gemacht. Sie haben nochmal im Lehrbuch nachgeschaut und die richtige Antwort gefunden, und als die Frage nochmal kam, da wussten Sie die Antwort. Als Sie als Kind nach dem Sturz wieder aufs Fahrrad stiegen, da hat es dann auch wieder ein bisschen besser geklappt, weil Sie dazugelernt hatten.

Anders ausgedrückt: Rückfälle gehören zur Heilung dazu wie das Benzin zum Autofahren. Ohne Rückfälle kommen Sie nicht weiter.

Rückschläge im Leben des Abraham Lincoln, einer der berühmtesten ehemaligen US-Präsidenten:

Mit 32 verlor er einen Wahlkampf
Mit 34 erlebte er eine Pleite
Mit 35 Tod seiner Geliebten
Mit 36 Nervenzusammenbruch
Mit 38 verlor er eine Wahl
Mit 43 unterlag er im Kongress
Mit 46 unterlag er wiederum im Kongress
Mit 48 unterlag er abermals im Kongress
Mit 55 unterlag er im Senat
Mit 56 verfehlte er sein Ziel, Vizepräsident zu werden
Mit 58 unterlag er erneut im Senat
Mit 60 wurde Abraham Lincoln Präsident der Vereinigten Staaten

Oder glauben Sie etwa, dass Sie, nur weil Sie jetzt dieses Buch lesen und die Tipps ausprobieren, sofort für immer geheilt sind? Wenn Sie die Frage so lesen, wie sie hier gerade gestellt wird, dann ist Ihnen die Antwort wahrscheinlich klar, und Sie sagen: „Natürlich nicht."

In Wirklichkeit denken Sie so aber nicht. In Wirklichkeit stellen Sie wieder unrealistische Erwartungen an sich selbst. In Wirklichkeit werden Sie sich schämen und schuldig fühlen, wenn der erste Rückfall kommt. Sie werden sich sagen, dass Sie ja schon immer gewusst haben, dass Sie schlecht sind, nichts wert sind und auch diese Therapie wieder nicht hin kriegen. Und dann geht der Teufelskreis wieder los. Die Schuld und die Scham werden Sie dann mit noch mehr Kaufen betäuben wollen und sich wieder in Ihre alten Muster zurückflüchten.

"Ich habe aus meinen Rückschlägen oft mehr gelernt als aus meinen Erfolgen."

Boris Becker

Können Sie schon erkennen und verstehen, dass das Umgehen mit diesem Thema fast der wichtigste Faktor ist in einem dauerhaften Heilungsprozess? Sie müssen hierin Ihre

Meisterprüfung ablegen, Sie müssen diese Prüfung mit Bravour bestehen, sonst werden Sie es langfristig nicht schaffen.

Sie benötigen viele Strategien, um zukünftig mit Suchtdruck und Rückfällen umzugehen. Ein fester Wille und Zuversicht helfen zwar, sind aber alleine nicht ausreichend. Zuallererst brauchen Sie auch eine gesunde Einstellung zu Rückfällen. Führen Sie sich zunächst einmal folgendes Beispiel der von uns hochgeschätzten Bestsellerautorin und Lebenstrainerin Vera Birkenbihl vor Augen:

Ein dreijähriger Junge spielt mit Bauklötzen und versucht daraus, einen Turm zu bauen. Immer wieder kracht der aber zusammen. Dann plötzlich lernt das Kind, dass es mit dem Ärmel seines Pullovers den Turm berührt und der deshalb immer wieder einstürzt. Beim nächsten Mal dann macht der Junge es richtig, der Turm bleibt stehen, und das Kind strahlt.

Wenn Ihre Eltern so ein ruhiges, geduldiges Lernen in Ihnen gefördert haben, hatten Sie wenig Probleme mit Fehlern. **Wenn Sie aber eher in einem Klima aufgewachsen sind, in der es immer hieß „Pass auf!", dann haben Sie aus Fehlern selten lernen können. Sie wurden so programmiert, dass Fehler schlecht sind und Sie sich dann am besten dafür schämen.**

So sind leider die meisten von uns aufgewachsen. Das heißt dann aber bezogen auf Rückfälle: Sollten Sie einen haben, werden Sie sich schämen und sich nicht wieder an diese Tipps zurückwagen. Denn dann könnten Sie ja den nächsten Rückfall bekommen, also wieder einen Fehler machen. Und so lernen Sie dann gar nicht mehr weiter, beruhigen dann sogar auf folgende Weise Ihr Gewissen: „Ich hab ja auch gar nicht richtig gelernt. Insofern ist es ja klar, dass ich Fehler mache und das ganze nicht funktioniert."

Statt dessen sollten Sie sich fest vornehmen: Fehler sind der Treibstoff fürs Lernen. Ohne Rückfälle werde ich nie wirklich begreifen, woher meine Sucht kommt. Erst wenn ich mir solche Situationen mal genauer anschaue, werde ich wieder etwas Neues lernen und es beim nächsten Mal besser hinkriegen. Auch die Suchtdruck-Auslöser-Analyse aus dem ersten Kapitel kann hier helfen.

Setzen Sie sich realistische Ziele! Es ist nicht sinnvoll, von sich selbst zu erwarten, dass man ab sofort 100% geheilt ist. Sie waren so lange abhängig – es wird nicht ohne Rückfälle gehen. Wenn Sie richtig mit ihnen umgehen, werden sie aber immer schwächer. Die große Gefahr bei Ihnen ist, dass Sie in Ihren Zielen übertreiben. Suchtverhalten heißt maßloses Verhalten. Sie waren gewohnt, nicht Maß halten zu können und neigen nun auch womöglich in Ihrem Heilungsprozess dazu, zu viel zu wollen.

Dies bedeutet nicht, dass Sie sich einen Rückfall vornehmen sollen. Wenn keiner kommt, umso besser. Es geht vielmehr darum, gedanklich darauf vorzubereitet zu sein, so wenig Schuld und Scham wie möglich zu empfinden und schon einen Notfallfahrplan bereit zu haben, wie es jetzt weitergeht. Dazu kommen wir noch.

Hier ein paar Gedanken, die ganz gut in diesen Tipp passen:

Geben Sie zunächst einmal ganz spontan Ihre Definition eines Rückfalls.
_____
_____
_____
_____
_____
_____

Was sind Sie bereit, sich zuzugestehen, ohne sofort zu verzweifeln? Sowohl was die Menge, die Intensität als auch die Länge des Zeitraum angeht, in dem Sie wieder rückfällig werden.
_____
_____
_____
_____
_____
_____
_____

Wie, glauben Sie, werden Sie reagieren, wenn Sie einen Rückfall erleiden? (Überschätzen Sie sich nicht, denn Ihre jahrelange Sucht ist ein gut einstudiertes selbstschädigendes Verhalten – es liegt also nahe, dass Sie sich bei einem Rückfall auch wieder selbstschädigend verhalten.)
_____
_____
_____
_____
_____
_____

Was können und werden Sie dann in solch einer Situation stattdessen tun, um sich wieder zu fangen, wieder aufzustehen und mit frischer Energie weiterzumachen?
_____
_____
_____
_____
_____
_____
_____
_____
_____

Wählen Sie neue, sinnvolle Lebensaktivitäten

Sie können nicht den ganzen Tag damit verbringen, Suchtdruck zu vertreiben. Ihr Lebensinhalt kann nicht daraus bestehen, etwas *nicht* zu wollen und abzuwehren. Vielmehr benötigen Sie positive Inhalte: Beschäftigungen, die Sie darin unterstützen, Ihr seelisches Gleichgewicht wieder zu finden – oder erstmals in Ihrem ganzen Leben zu finden! Bisher war Ihr Leben ja völlig aus den Fugen geraten. Statt einer Balance hatten Sie eine einseitige Ausrichtung auf das Kaufen. Es wird jetzt einige Zeit brauchen, bis neue Aktivitäten in Ihr Leben finden und dort einen festen Platz bekommen.

Was Sie auf keinen Fall tun dürfen, ist, sich jetzt halbherzig irgendwelche Ablenkungen zu suchen und sich damit die Zeit zu vertreiben. Dies würde zwar helfen, Ihr Suchtverhalten zu reduzieren, aber es wäre nur kurzfristig. Das Problem ist, dass Sie aus halbherzig ausgewählten neuen Aktivitäten keine mittel- und langfristige Befriedigung ziehen werden. Es wird sich falsch anfühlen, Ihr Inneres wird rebellieren, und Sie fallen wieder zurück in alte Gewohnheiten.

Deshalb ist es wichtig, dass Sie nur solche Dinge tun, an die Sie glauben.

Drei Bereiche, auf die wir hier ansatzweise schon einmal eingehen möchten, sind: Körper, Geist und soziale Kontakte.

Körper:

Sie haben sicher auch schon den Spruch gehört: „Nur in einem gesunden Körper ist auch ein gesunder Geist." Ein gesunder Körper braucht eine ausgewogene Ernährung (ein Thema, auf das wir hier *nicht* eingehen werden, da es dazu Tausende von guten (und weniger guten) Büchern gibt) und viel Bewegung. Wir gehen hier aber einen Schritt weiter und fügen noch zwei weitere Elemente hinzu, die in die moderne und stressige Welt des 21. Jahrhundert passt: Ihr Körper benötigt auch Ent-Spannung (also Spannung durch Sport und Ent-Spannung als Ausgleich) durch Massagen, Meditation, autogenes Training, progressive Muskelentspannung.

Was Sport angeht, sind zwei Elemente interessant: erstens hilft Ausdauersport, Glückshormone auszuschütten. Falls Sie sich auch noch Ziele setzen und diese erreichen (z.B. die 1000 Meter in x Minuten zu schwimmen), stärkt das auch noch Ihr Selbstbewusstsein. Zweitens sind für Sie auch Mannschaftssportarten interessant, da Sie dadurch soziale Kontakte knüpfen und sich als (erfolgreicher) Mensch in einer Gruppe empfinden können – für Sie vielleicht ein neues Gefühl.

Zu erwähnen ist hier auch die sogenannte Körpertherapie und die Körperpsychotherapie. Das Feld ist so unglaublich groß, dass wir uns nicht kompetent genug fühlen, Ihnen hier konkrete Ratschläge zu geben. Wenn Sie jedoch für sich spüren, dass Sie keine Probleme mit Ihrem Körper haben und dass Sie aufgeschlossen sind für Atemtechniken, Akupunktur, Shiatsu, Biogenetik etc., dann surfen Sie doch einmal ein wenig im Internet und suchen sich etwas Interessantes in Ihrer Umgebung aus und experimentieren einmal. Die Idee hinter den meisten dieser Techniken ist, dass Sie sich selbst dadurch als Einheit von Körper und Geist besser wahrnehmen.

Und schließlich tun Sie sich auch ab und zu einmal etwas Gutes: Planen Sie Besuche von Wellness-Bädern ein, Gesichtsbehandlungen, Maniküre/Pediküre, ein heißes Wannenbad mit Badeöl / Kräuterzusätzen...

An-Spannung	**Ent-Spannung**	**Wellness**
• Ausdauersport • Mannschaftssport	• Meditation • Yoga • Autogenes Training • Progressive Muskelentspannung	• Massagen • Sauna • Kräuterbäder • Gesichtsbehandlungen • Maniküre etc.
Körper		

Geist:

Hiermit ist gemeint, dass Sie sich weiterentwickeln. Sie sollten sich etwas heraussuchen, das Sie schon immer interessant fanden und nun endlich einmal richtig angehen. Das kann das Lernen einer Fremdsprache sein (oder das Auffrischen von Schulkenntnissen), oder aber etwas Künstlerisches – vielleicht hat Ihnen immer schon einmal die Idee gefallen, etwas zu malen – oder ein Gartenexperte zu werden. Hatten Sie vielleicht schon einmal den Gedanken, sich eine eigene Web-Site zu gestalten (vielleicht unter einem anderen Namen und dann alle Erfahrungen und Gedanken zu Ihrer Suchtkrankheit zu veröffentlichen und dadurch in einen Austausch mit Gleichgesinnten zu treten)? Vielleicht möchten Sie jetzt auch noch viel tiefer in die Psychologie eindringen – jetzt, wo Sie in diesem Buch so viel darüber erfahren. Was wäre mit einer Bildungsreise, zu der Sie sich vorher schon einiges anlesen – vielleicht fanden Sie Rom ja immer schon faszinierend oder St. Petersburg und Moskau. Was ist mit französischen Rotweinen?

Man könnte jetzt viele Seiten mit Anregungen und Ideen füllen, aber letztendlich muss es zu Ihren Interessen passen. Sie sollen nicht den Eindruck haben, dass Sie etwas tun, nur um nicht an Ihre Sucht zu denken. Es soll Sie eigenständig erfüllen. Gehen Sie zurück in Ihre Jugend und denken Sie an die Dinge, die Ihnen Spaß gemacht haben. Vielleicht können Sie auch davon noch etwas aufgreifen.

Oftmals wirklich herausragend sind auch die Angebote von Volkshochschulen und anderen Einrichtungen. In Deutschland gibt es z.B. die AKAD, die größte Fernhochschule für Erwachsene, an der Sie echte Abschlüsse erwerben können, die z.B. einem Fachhochschulabschluss entsprechen, aber zuhause studieren, Teilzeit, z.B. eine Stunde pro Tag. Sie können dort z.B. „nebenbei" Tourismusmanagement studieren, oder Buchführung,

Kommunikationswissenschaften, Selbstmanagement (!!), Medienmarketing, Existenzgründung, Wirschaftsspanisch ... Die Liste ist sehr lang.

Seit über 40 Jahren gibt es auch schon die sehr erfolgreiche Hamburger Akademie, wo Sie auch erst einmal vier Wochen kostenlos auf Probe studieren können. Grafik & Design, Journalistik, Kreatives Malen, Digitale Musikproduktion, Innenarchitektur und Raumgestaltung, Digitale Fotografie... Suche Sie sich etwas aus, das Angebot ist auch hier riesig.

> "Lese jeden Tag etwas, was sonst niemand liest. Denke jeden Tag etwas, was sonst niemand denkt. Tue jeden Tag etwas, was sonst niemand albern genug wäre, zu tun. Es ist schlecht für den Geist, andauernd Teil der Einmütigkeit zu sein."
>
> Gotthold Ephraim Lessing, dt. Dichter der Aufklärung, 1729 - 1782

Soziale Kontakte:

Viele von Ihnen haben sich durch die Sucht immer mehr zurückgezogen und leben sozial isoliert. Kommen Sie da wieder heraus, und erleben Sie das Miteinander mit anderen Menschen. Hier einige Ideen, wie Sie für Sie interessante Menschen kennenlernen können:

- Suchtselbsthilfegruppen
- Vereine (gibt es fast für jedes Interessengebiet – surfen Sie einmal im Internet)
- Volkshochschulkurse (Im Gegensatz zu den Fernschulen, die wir Ihnen eben für Ihre geistige Weiterbildung empfohlen hatten, treffen Sie an Volkshochschulen und ähnlichen Institutionen auf echte Menschen. Oft entwickeln sich hier über gemeinsame Interessen Kontakte, die man auch außerhalb des Kurses pflegt.) Schauen Sie einmal aus Neugier in ein Programmheft – Sie werden sich wundern, wieviele verschiede Angebote es gibt von A wie Astronomie bis Z wie Zoobesuche.
- Single-Urlaub (falls Sie Single sind)
- Parteien – falls Sie politische Interessen haben
- Bars und Cafes – wenn Sie in einer Stadt leben, gibt es vielleicht auch Szeneführer, die über interessante Veranstaltungen / Konzerte informieren
- Schalten Sie eine Kontaktanzeige zu Ihrem Interessengebiet
- Hilfsorganisationen wie freiwillige Feuerwehr, Altenpflege etc.
- Protestbewegungen – vielleicht „stinkt" Ihnen ja auch irgendetwas, und Sie möchten sich engagieren

Erstellen Sie sich für diese drei Bereiche – Körper, Geist, soziale Kontakte – nun einmal ansatzweise Ziele – schreiben Sie sie auf!! -

a) was Sie sich mittelfristig (z.B. für die nächsten 12 Monate) vornehmen, d.h. was Sie in der Zeit gerne erreichen würden,
b) und was Sie sich dann konkret für den nächsten Monat
c) und für die nächste Woche vornehmen. Seien Sie sich dann bewusst, dass ein Jahr aus 52 Wochen besteht, d.h. ein vielleicht am Anfang sehr ehrgeiziges Ziel kann in 52 Mini-Schritte heruntergebrochen werden. Sie glauben ja gar nicht, wieviel Sie erreichen können, wenn Sie das ganze einmal von dieser Seite aus betrachten!

Sinn des Ganzen ist es, dass Sie wieder sinnvolle Aktivitäten in Ihren Alltag bringen, dass Sie bei vielen kleinen Dingen, die Sie tagtäglich tun, das Gefühl haben, schrittweise Ihren großen Zielen näher zu kommen, und dass dadurch Glücksgefühle ausgeschüttet werden, die Ihr Gehirn dann nicht mehr durch Kaufen bekommen muss. Sie erinnern sich an das Gehirnchemie-Kapitel?

Salutogenese

Ja, was ist das denn? Salutogenese?! Es ist eine neue Forschungsrichtung, die erforscht, was uns Menschen gut tut. Sie könnten natürlich Ihre ganze Zeit damit verbringen, aufzupassen, dass Sie nicht mehr süchtig sind, dass Sie Ihren Suchtdruck bekämpfen, dass Sie bestimmten Verlockungen nicht mehr nachgehen usw., aber als Ausgleich sollten Sie auch genau die Dinge verstärken, die Ihnen gut tun und wo Ihre Stärken liegen.

Wörtlich heißt „Salutogenese" „Erzeugung von Gesundheit". Die Ergebnisse der Forschung sind nicht überraschend – sie entsprechen dem gesunden Menschenverstand. Die Leistung besteht vielmehr darin, dass es nun *bewiesen* ist, dass bestimmte Dinge gesundheitsfördernd sind. Ganz grob zusammengefasst kann man sagen, dass es Bewegung, Ernährung und psychosoziale Kompetenz sind, welche Ihnen gut tun. Psychosoziale Kompetenz schauen wir uns ein wenig näher an.

Vier Dinge brauchen Sie, um gesund durch das Leben zu kommen:

- **Erklärbarkeit des Lebens:** Sie sollten in der Lage sein, einen Sinn in Ihrem eigenen Leben und in dem Verhalten von anderen Menschen zu sehen, so dass Sie die Welt und das, was um Sie herum geschieht, verstehen und bis zu einem gewissen Grad vorhersehen können. Sie sehen eine Struktur, statt alles nur aufs Schicksal zu schieben.
- **Selbstbestimmtheit statt Fremdbestimmtheit:** Dies ist gewissermassen eine Folge aus dem ersten Punkt, denn ohne die Welt strukturiert und verstehbar zu sehen, könnten Sie ja auch nicht selber entscheiden. Dazu kommt aber auch noch, dass Sie das Gefühl haben, Sie selber haben die Ressourcen, um Ihr Leben zu bestimmen, Probleme zu lösen und Ziele zu erreichen.
- **Sinnhaftigkeit seines eigenen Lebens:** Sie wissen, warum und wofür Sie leben. Schwierigkeiten auf Ihrem Lebensweg können dann besser bewältigt werden, weil Sie eine Vision dessen haben, wie es hinter diesen Problemen weitergeht.
- **Lern- und Veränderungsbereitschaft:** Sie wissen, dass Ihr Leben lang ist und Sie immer wieder Neues dazulernen und sich verändern müssen, um aktiv am Leben teilzuhaben

Prof. Rau und Dr. Dehner-Rau gehen in Ihrem Buch „Raus aus der Suchtfalle" in eine sehr konkrete Betrachtung und schlagen dem Süchtigen vor, sich einmal folgende Fragen zu stellen:

- **Welche Menschen tun mir gut?**
- **Wodurch konnte ich in der Vergangenheit anderen Menschen besonders gut Freude bereiten?**
- **Bei welchen Hobbys geht es mir richtig gut?**
- **Was hat mir in der Vergangenheit immer Kraft gegeben?**

1) Welchen Menschen tun Ihnen gut? „Gut" heißt hier insbesondere, dass sie Ihnen Ruhe und Kraft geben, da Sie in einer überreizten Welt leben, bzw. gelebt haben. „Gut" heißt auch, dass Sie sich nicht geschämt haben, mit ihnen zusammen sein. „Gut" heißt außerdem, dass Sie sich in der Gegenwart dieser Menschen ein bisschen besser als sonst fühlen und ihr inneres Kind rauslassen dürfen. Denken Sie an Ihre Arbeitsumgebung, Ihre privaten Kontakte und an Ihre Familie. Vielleicht denken Sie auch an eine bestimmte Art von Menschen, die Ihnen gut tun, von denen Sie vielleicht nur einen kennen, aber mehr kennenlernen möchten, z.B. Künstler, Intellektuelle, „ganz einfache" Menschen, Kinder... Aber Sie fühlen wahrscheinlich auch ohne diese Hilfestellung ganz gut, wer Ihnen gut tut.

_____
_____
_____
_____
_____
_____
_____
_____

Wie können Sie mehr Zeit mit diesen Menschen verbringen? Kontaktieren Sie sie. Planen Sie es fest in Ihren Wochenkalender ein. Haben Sie evtl. Angst davor, oder fühlen Sie sich nicht interessant oder wertvoll genug, um sich diesen Menschen aufzudrängen? Warum glauben Sie, fühlten Sie sich mit diesen Menschen so gut? Ist es möglich, dass Sie sich so gut fühlten, wenn der andere Mensch es nicht tat? Das geht logischerweise nicht. Sie haben also genug zu geben und sind dem jeweiligen Menschen anscheinend wertvoll genug. Und gab es Streit, haben Sie Fehler gemacht? Dann korrigieren Sie sie. Niemand ist perfekt.

_____
_____
_____
_____
_____
_____
_____
_____

2) Wodurch konnten Sie in der Vergangenheit anderen Menschen besonders gut Freude bereiten? Freude beginnt da, wo andere Menschen durch Sie zum Lächeln oder Lachen gebracht wurden. Wir mögen meist Menschen, die uns zum Lachen bringen. Jemandem Freude machen kann aber auch durch gutes Zuhören geschehen, durch Talente, die Sie haben, durch materielle Geschenke, durch das einfach nur da sein, durch das Spielen mit jemandem (Golf, Schach, Karten, Gesellschaftsspiele, ...) und viele andere Dinge. Vielleicht hat sich jemand auch bei Ihnen für etwas bedankt, das Sie ihm/ihr gegeben haben? Denken Sie an Ihr Arbeitsleben / Schule / Uni, an Ihr Privatleben, Familie, sonstige Alltagssituationen. Diese Frage ist nicht immer einfach zu beantworten – lassen Sie sich Zeit und kommen Sie gegebenfalls morgen und übermorgen nochmal darauf zurück.

Wie können Sie in der Zukunft anderen Menschen mehr Freude bereiten? Bedenken Sie, dass meist alles, das Sie geben, mehrfach wieder positiv auf Sie zurückfällt und außerdem Ihr Selbstbewusstsein stärkt.

3) Bei welchen Hobbys geht es Ihnen richtig gut? Durch Ihre Sucht hatten Sie in den letzten Jahren vielleicht keine richtigen Hobbys mehr. Dann gehen Sie weiter in die Vergangenheit zurück und erinnern Sie sich, bei welchen Dingen Sie richtigen Spaß hatten. Oft waren Spielabende genial (Karten, Schach, Gesellschaftsspiele), genauso wie Sportvereine, weil da das innere Kind so richtig aufblüht. Was ist mit kreativen Dingen wie Malen, Basteln, Singen, Schauspielern? Waren Sie vielleicht früher in einer Theater-AG? Schrieben Sie vielleicht gerne Geschichten? Wassersport – Rudern, Segeln, Surfen? Reisen? Ausflüge?

Wie können Sie Hobbys wieder mehr Raum in Ihrem Leben geben? Planen Sie es nun fest ein!

4) Was hat Ihnen in der Vergangenheit immer Kraft gegeben? Dies ist ein bisschen verwandt mit den vorherigen Fragen. Es können aber zusätzlich noch ganz andere Dinge auftauchen. Vielleicht ruhige Spaziergänge, vielleicht Kino, vielleicht Tagebuch führen als Jugendliche(r), vielleicht tanzen, ... Gehen Sie auch hier wieder weit zurück in die Vergangenheit, und reaktivieren Sie vielleicht Dinge, die Sie vor langer Zeit warum auch immer aufgegeben haben.

_____
_____
_____
_____
_____
_____

Planen Sie nun fest ein, wie Sie diese Dinge wieder in Ihr Leben zurückbringen oder mehr davon tun, als Sie es bisher taten.

_____
_____
_____
_____
_____
_____

Sie hatten eine Sucht. Es war und ist wichtig, sich so intensiv mit dem zu beschäftigen, was Sie krank gemacht hat. Aber beim Blick nach vorn sind Ihre Stärken viel wichtiger. Machen Sie sich klar, dass es absolut keinen Sinn macht, immer nur über seine Schwächen nachzudenken und zu versuchen, diese zu beseitigen.

Man braucht viel Energie, um sich von -5 auf -2 weiterzuentwickeln – bei einer angenommenen Skala von -10 (da bin ich wirklich schwach) bis +10 (da bin ich ein wahrer Meister). Wenn Sie dieselbe Energie dafür einsetzen, eine Stärke von sich noch weiter auszubauen, kämen Sie z.B. von +3 auf +10. Warum ist dies so? An den Dingen, in denen Sie schwach sind, haben Sie meist auch keine grosse Freude, oder Sie bedeuten Ihnen nicht viel. Es kostet deshalb immer neue Überwindung, sich damit zu beschäftigen. Der innere Schweinehund stellt sich Ihnen auch noch in den Weg. Bei den Stärken hingegen haben Sie meist auch Spaß, und das motiviert, und deshalb machen Sie Fortschritte. Albert Einstein war ein furchtbar schlechter Schüler, denn er hat all seine Kraft nur auf sein Physik-Interesse gelenkt, alles andere war ihm egal. Charlie Chaplin, der die Massen als Komiker begeistert hatte, wird hingegen nachgesagt, dass er furchtbar chaotisch und privat ein Choleriker war.

Was würde in einer Gesellschaft passieren, in der immer nur versucht wird, die Fehler der Menschen auszumerzen, statt die großartigen Talente zu fördern? Alle wären am Ende gleich –

und zwar gleich durchschnittlich. Und wissen Sie, wo es so eine Gesellschaft gibt? Hier. Sie leben darin. Schon in der Schule geht es kaum um Talentförderung, sondern darum, die Fehler zu zählen und zu benoten. In Unternehmen wird meist auch dort Fortbildung angeboten, wo es gilt, Schwächen zu beseitigen. Und da wir alle mehr oder weniger so erzogen wurden, dass wir keine Fehler machen dürfen, wird es von allen akzeptiert. Und so quälen wir uns durchs Leben, statt gewisse Schwächen zu akzeptieren und alle Kraft für den Ausbau der Stärken einzusetzen.

Seien Sie klüger! Die schlimmsten Schwächen – in Ihrem Fall alles, was mit Ihrer Sucht zu tun hat – werden Sie abmildern – aber ohne den Anspruch, jemals perfekt zu sein - und die anderen Schwächen akzeptieren Sie einfach. Darüberhinaus konzentrieren Sie sich ab jetzt in Ihrem Leben darauf, so viel Zeit wie möglich mit Dingen zu verbringen, in denen Sie stark sind. Dies gehört ebenfalls zu Salutogenese. Wir möchten Ihnen jetzt gleich noch eine Liste von Fragen an die Hand geben, mit der Sie für sich Ihre Stärken erkennen können.

Hier also die Liste der Fragen:

- Wo waren Sie in der Schule gut?
- Wo hatten Sie im Berufsleben Erfolg?
- Was hat Ihnen als Kind Spaß gemacht?
- Berücksichtigen Sie auch Bereiche wie Sport, Musik, Kunst, Religion, Reisen bei Ihren Überlegungen?
- Was sind Ihre Hobbys und Interessen?
- Wozu werden Sie ab und zu um Rat gefragt?
- Wofür werden Sie vielleicht bewundert?
- Was machen Sie mit Leidenschaft?

1) In welchen Fächern in der Schule waren Sie am besten? Und warum?
_____
_____
_____
_____
_____

2) Wo hatten Sie im Berufsleben Erfolg? (eine ähnliche Frage hatten Sie bereits in einer früheren Übung) Und warum?
_____
_____
_____
_____
_____

3) Was hat Ihnen als Kind Spaß gemacht? Warum?
_____
_____

4) Wozu werden Sie ab und zu um Rat gefragt (weil Sie darin gut sind)?

5) Wofür werden Sie vielleicht bewundert? Wo schaut man zu Ihnen auf?

6) Was machen Sie mit Leidenschaft? Und warum?

7) Welche zwei oder drei (zusätzliche) Stärken haben Sie durch die Beantwortung der Fragen 1 bis 6 in sich erkannt? Wie können Sie diese für Ihr weiteres Leben nutzen?

Fragen Sie auch ruhig einmal eine(n) Vertraute(n), worin sie/er Ihre Stärken sieht, das kann manchmal die Augen öffnen.

Professor Seligman, ein weltbekannter Glücksforscher an der Universität Zürich, hat einen umfassenden Fragebogen entwickelt, mit dem Sie Ihre Stärken erkennen können. Die Auswertung erfolgt kostenlos. Hier ist der Link:

http://charakterstaerken.focus.de/fragebogen.php

Stärken erkennen und weiter ausbauen ist also Teil der Glücksforschung! Das hat damit zu tun, dass Sie, wenn Sie erfolgreich sind, Ansporn und Motivation haben. Dadurch werden Sie noch besser in dem, was Sie tun, und bekommen noch mehr Lob, was Sie wiederum weiter anspornt ... ein positiver, glücklicher Kreislauf eben.

Erlernen Sie progressive Muskelentspannung

Zur Erklärung, was progressive Muskelentspannung ist, fügen wir hier die Ausführungen von www.progressivemuskelentspannung.com ein.

Die Progressive Muskelentspannung wurde im Jahre 1938 von dem Psychologen Edmund Jacobsen in Amerika entwickelt. Sie ist die wohl bekannteste Entspannungstechnik zur Verminderung und Prävention von Stress. Sie ist einfach zu erlernen und wirkt oft schon nach der ersten Anwendung sehr positiv.

Das Prinzip der Progressiven Muskelentspannung ist einfach. Verschiedene Muskelpartien werden angespannt und nach kurzer Zeit wieder losgelassen. Durch diesen Kontrast der Muskelspannung nimmt man die eintretende Entspannung wesentlich intensiver wahr, als ohne vorherige Anspannung.

Die Progressive Muskelentspannung kann man unter fast allen Bedingungen einsetzen. Sei es abends vor den Einschlafen, während einer Besprechung, in Angstsituationen, bei Prüfungssituationen, im Büro, im Zug/Flugzeug oder während einer kurzen Rast bei einer langen Autofahrt, u.v.m..

Warum aber ist das Durchführen solcher Entspannungsübungen so wichtig? Weil Sie durch Ihre Sucht ständig reizüberflutet sind. Denken Sie an den vorherigen Tipp zur Gehirnchemie. Durch Entspannungsübungen können Sie die notwendige Menge an Glückshormonen reduzieren – und somit den Druck, immer wieder einen kurzen Kaufrausch zu erleben. Nehmen Sie sich eine Viertelstunde Zeit, finden Sie irgendwo eine bequeme Situation im Sitzen oder Liegen, stellen Sie sicher, dass Sie nicht gestört werden. Lesen Sie sich den folgenden Text ein, zwei Mal durch und führen Sie die Übung danach mit geschlossenen Augen durch.

Sie schließen die Augen.
Sie atmen tief ein, spüren, wie die Luft in Ihre Lunge strömt.
Atmen aus, tief aus.
Und atmen wieder langsam und tief ein. Spüren, wie die Luft in die Lunge strömt und wie sich Ihr Körper beginnt zu entspannen.

Spannen Sie Ihre rechte Hand an, indem Sie eine Faust machen.
Spüren Sie die Anspannung?
Beim nächsten Ausatmen lassen Sie wieder los.

Spannen Sie nun Ihren rechten Arm an, indem Sie Ihn leicht anwinkeln.
Fühlen Sie die Anspannung im Oberarm?
Halten Sie die Spannung kurz und entspannen Sie wieder.
Spüren Sie wie sich der Arm wieder entspannt, immer mehr und mehr?

Machen Sie nun mit Ihrer linken Hand eine Faust.
Mit dem nächsten Ausatmen lassen Sie wieder los.
Lassen Sie die Muskeln in der Hand ganz locker werden.

Spannen Sie jetzt Ihren linken Arm an, indem Sie Ihn leicht anwinkeln.
Fühlen Sie die Anspannung?
Nun lassen Sie wieder los.

Kommen wir nun zum Gesicht.
Spannen Sie Ihre Stirn an, indem Sie Ihre Augenbrauen ganz leicht nach oben ziehen.
Lassen Sie die Anspannung kurz wirken.
Mit dem nächsten Ausatmen entspannen Sie wieder.

Spannen Sie jetzt Ihre Augen an, indem Sie diese leicht zusammendrücken.
Spüren Sie die Anspannung?
Beim nächsten Ausatmen lassen Sie die Augenmuskeln wieder ganz locker.

Pressen Sie nun leicht die Zähne zusammen.
Halten Sie diese Spannung kurz.
Nun entspannen Sie wieder.

Pressen Sie nun die Zunge leicht an den Gaumen.
Halten Sie die Spannung kurz.
Und entspannen Sie wieder.

Bewegen Sie nun Ihren Kopf leicht nach Vorne. Bringen Sie Ihr Kinn in Richtung Ihrer Brust.
Spüren Sie die Anspannung?
Beim nächsten Ausatmen entspannen Sie wieder.

Spannen Sie nun Ihre Nackenmuskeln an, indem Sie Ihre Schultern nach oben ziehen.
Fühlen Sie die Anspannung?
Nun lassen Sie wieder los.

Kommen wir nun zur Bauchmuskulatur.
Spannen Sie Ihre Bauchmuskeln an.
Spüren Sie die Anspannung?
Nun entspannen Sie wieder.

Spannen Sie jetzt Ihren Rücken an, indem Sie den Bauch nach vorne schieben und ein leichtes Hohlkreuz machen. Fühlen Sie wie Ihre Muskeln sich anspannen?
Beim nächsten Ausatmen lassen Sie wieder los.

Spannen Sie nun Ihre Gesäßmuskulatur an.
Spüren Sie die Anspannung?
Nun wieder entspannen.

Kommen wir nun zu den Beinen.
Spannen Sie Ihren rechten Fuß an, indem Sie Ihn leicht nach vorne beugen.
Halten Sie die Spannung kurz.
Und entspannen Sie wieder.

Spannen Sie Ihre rechte Wade an, indem Sie Ihren Fuß leicht nach oben ziehen.
Beim nächsten Ausatmen wieder Entspannen.

Spannen Sie nun Ihren rechten Oberschenkel an.
Beim nächsten Ausatmen lassen Sie Ihn wieder los.

Kommen wir nun zum linken Bein.
Spannen Sie Ihren linken Fuß an, indem Sie Ihn leicht nach vorne Beugen.
Fühlen Sie die Anspannung und lassen Sie wieder los.

Spannen Sie Ihren linke Wade an, indem Sie sie leicht nach oben ziehen.
Und nun entspannen Sie wieder. Lassen Sie alle Anspannung aus Ihrer Wade entweichen.

Zum Abschluß spannen Sie Ihren linken Oberschenkel an.
Beim nächsten Ausatmen lassen Sie wieder los. Lassen Sie die Muskeln in Ihrem Oberschenkel ganz locker und entspannt.

Fühlen Sie noch einmal Ihren gesamten Körper. Genießen Sie das Gefühl. Und kehren Sie dann wieder zurück und nehmen Sie sich vor, dass Sie diese Übung mehrmals am Tag durchführen. Sie können dies immer dann tun, wenn Sie Suchtdruck empfinden, oder aber einfach zwischendurch in der Mittagpause oder nach der Arbeit, damit Sie Energie für den Rest des Tages bekommen.

Alles ist erlaubt, aber wollen Sie SO leben?

Machen Sie sich klar, dass Sie Ihrem Suchtverhalten nachgehen dürfen. Niemand hat Ihnen das verboten. Seien Sie viel cooler zu dem Thema, lassen Sie es geschehen, hören Sie auf, sich deswegen fertig zu machen. Kaufen - soviel Sie wollen – alles ist erlaubt, wenn Sie sich das wünschen. Je weniger Sie sich wegen Ihrer Kaufsucht selber abstrafen, umso weniger fühlen Sie sich schlecht. Je weniger Sie sich schlecht fühlen, desto weniger spüren Sie Druck in sich, sich wieder mit neuem Kaufen zu betäuben. So kommt ein positiver Kreislauf in Gang. Denken Sie also nicht: Kaufen ist verboten. Ich bin schlecht. Gehen Sie einfach ganz bewusst Ihrer Sucht nach, ohne Schuldgefühle.

Aber *wollen* Sie das wirklich? Ist *das* das Leben, das Sie verdient haben?

Also: erstens: keine weiteren Schuldgefühle mehr. Lassen Sie es einfach geschehen. Und zweitens: fragen Sie sich bei jedem Suchtdruck ganz ruhig – ohne sich zu verurteilen – "will ich das wirklich? Will ich *so* leben?"

Wenn Sie sich das zueigen machen, werden die Ergebnisse phänomenal sein! Wenn Sie keine Schuldgefühle mehr haben, verschwindet auch die Sucht. Ja, so einfach ist das. Wirklich! Denn die Schuldgefühle ernähren die Sucht. Ohne Schuld keine Notwendigkeit, sich zu betäuben.

...und umgekehrt gilt natürlich auch: je mehr Sie Ihrem Suchtverhalten nachgehen **und** sich schuldig fühlen, desto mehr brauchen Sie wieder eine neue und noch stärkere Dosis, um die neuen noch stärkeren Schuldgefühle zu betäuben usw. Ein Teufelskreis. Es ist tatsächlich so einfach, wie es hier dargestellt wird. Wenn Sie an den Fingernägeln kauen, wird das erst dann zu einem Problem, wenn Sie sich dafür schämen, sich schlecht fühlen und aus diesem Kummer heraus immer mehr kauen. Nehmen Sie es hingegen als gegeben an, werden Sie es zwar ab und zu tun, aber es wird nicht zur Sucht.

Je mehr Sie sich schlecht fühlen, je mehr Sie sich schämen und je mehr Sie Schuld empfinden, desto tiefer werden Sie in Suchtverhalten gezogen. Schreiben Sie einmal drei Argumente auf, die belegen, dass dieser Zusammenhang wahr ist. Überlegen Sie auch, ob das in Ihrem Leben genauso war.

_____
_____
_____
_____
_____

Können Sie sich vorstellen, dass der Umkehrschluss dann auch wahr ist? D.h. je mehr Sie ein positiveres Verständnis von sich selbst entwickeln, sich nicht mehr so sehr für Ihre Sucht schämen, weniger Schuldgefühle haben und insgesamt nachsichtiger zu sich selbst sind, desto weniger werden Sie Suchtdruck haben? Können Sie Gründe benennen, warum dies so sein könnte?

_____
_____
_____
_____
_____
_____

Können Sie sich Teilbereiche vorstellen, in denen Sie liebevoller zu sich selbst sein könnten? Gibt es Gründe, warum Sie sich vielleicht nicht so sehr für Ihre Sucht schämen sollten und sich nicht so sehr schuldig fühlen sollten wie bisher?

_____
_____
_____
_____
_____
_____

Wecken Sie den Mexikaner in Ihnen

„Was, ich habe einen Mexikaner in mir?"
Ja, den haben Sie, und den lassen Sie gleich aufleben.

Der Mexikaner sagt immer: „Mañana..." und das heißt „morgen". Nach dem Motto: Was du heute kannst besorgen, geht genauso gut auch morgen. Die mexikanischen Leser mögen uns diese Verallgemeinerung verzeihen...

Wenn Sie das nächste Mal Druck verspüren, dann holen Sie den Mexikaner in sich heraus und sagen „Mañana..." Sie werden zwar nicht ernsthaft versuchen können, Ihren Suchtdruck sofort zu verbannen - das wäre ja auch zu schön - aber Sie sagen sich: „Jetzt noch nicht: erst in 5 Minuten."

5 Minuten. So lange können Sie es aushalten. Der innere Trieb in Ihnen wird nur ein wenig rebellieren, Ihnen aber noch nicht den Stinkefinger zeigen. 5 Minuten, das schaffen Sie. Und in diesen 5 Minuten, was machen Sie da? Am besten kombinieren Sie jetzt diesen Tipp mit einem der anderen Tipps, die gleich noch kommen. Das heißt, der Mexikaner in Ihnen verschafft Ihnen erst einmal eine Pause zum Durchatmen. Es ist psychologisch enorm wichtig, dass Sie mit Ihrer inneren Sucht erst einmal einen Friedensvertrag schließen „In 5 Minuten ist es so weit", bedeutet ja nicht, dass Sie es danach nicht dürfen. Dies ist enorm wichtig, um die Spannung in Ihnen einigermaßen zu managen. Jetzt haben Sie den Kopf halbwegs frei, um eine der anderen Techniken anzuwenden, zum Beispiel den Komiker auf die Bühne zu holen (siehe weiter unten) oder die Sinne zu verwirren (siehe weiter unten).

Diese Kombination kann Sie dann nochmals weiter abkühlen und Ihnen die Energie geben, jetzt wirklich etwas ganz Anderes zu tun. Oder aber Sie sagen sich nach 5 Minuten: jetzt hole ich noch den Bruder meines Mexikaners aus mir heraus und verschiebe es nochmal 5 oder 10 Minuten. Finden Sie für sich heraus, was Sie am besten wieder abkühlt in diesen ersten oder zweiten 5 Minuten. Wichtig ist nur, dass Sie Ihren inneren Trieb überlisten, indem Sie ihm am Anfang dieses Friedensangebot machen und ihn scheinbar nicht bekämpfen.

Noch einen Tipp aus der Praxis: es kann sich auszahlen, in der ersten Minute wirklich die Sekunden herunterzuzählen und sich dabei ganz auf Ihre Uhr zu konzentrieren: 60, 59, 58, ...

Überlegen Sie sich nun einmal, was Sie Ablenkendes tun könnten, und was vielleicht nur ca. 5 Minuten dauert – und was Sie jederzeit sofort verfügbar haben, egal, wo Sie der Suchtdruck überkommt:

Allgemein:
_____
_____
_____
_____
_____

Wenn Sie zuhause (vor dem Computer) sind:

Wenn Sie unterwegs sind:

Wenn Sie im Büro / an der Uni etc. sind:

Stellen Sie sich nun schon einmal gedanklich, bildlich vor, wie Sie beim nächsten Suchtdruck reagieren werden – wie Sie Ihren Mexikaner herausholen und was Sie dann tun.

Die Sinne verwirren

Dieser Tipp ist vielleicht einer der stärksten von allen, denn er spricht fast jeden von uns an. Ganz einfach ausgedrückt geht es darum: während der Druck zu Kaufen immer größer wird, kommt plötzlich ein Impuls an Ihre Sinne, der diese völlig verwirrt und Sie somit auf ganz andere Gedanken bringt. Und diesen Impuls steuern Sie. .

Welches sind denn unsere Sinne? Schmecken, Hören, Berühren, Riechen – um einige zu nennen.

Schmecken: Wenn der Suchtdruck wieder ganz stark wird, dann beißen Sie in eine Zitrone! Oder in eine Chili-Schote!! Oder Sie nehmen ein Fläschchen Tabasco extrascharf oder die Dose mit dem Cayenne-Pfeffer und dann den Mund auf...!!! Viel Spaß! Mal sehen, wer danach noch an Kaufen denkt, wenn die Augen tränen, das Gesicht rot angelaufen ist und man nach kaltem Wasser bettelt. Hört sich radikal an? Nun, ist Ihre Kaufsucht nicht auch radikal und erfordert radikale Gegenmaßnahmen? Die Zitrone ist vielleicht mehr etwas für zuhause (obwohl es natürlich auch Fläschchen mit konzentriertem Zitronensaft gibt), aber die Chili-Schote, in Alufolie eingewickelt, könnte Ihr ständiger Begleiter werden, genauso wie unser Favorit, das scharfe Tabasco-Fläschchen. Und geben Sie sich eine anständige Dosis!

Hören: Den MP3-Player, die Hifi-Anlage zuhause oder das Autoradio voll aufdrehen, am besten mit Kopfhörer, und dann sehr laute, rhythmische, rockige oder punkige, aggressive Musik hören. Versuchen Sie mal, sich auf Shopping-Fantasien zu konzentrieren, wenn die Dead Kennedys oder Linkin Park oder irgendwelche Techno-Geräusche mit 200 BPM (beats per minutes) Ihr Trommelfell quälen! Nicht nur zwei oder drei Minuten, am besten mindestens zehn, geben Sie es sich, bis es dröhnt und Ihnen die Sinne ganz woanders stehen. Nur beim Kaufen, da werden sie nicht mehr stehen. Es kann im wahrsten Sinne des Wortes den Kopf befreien.

Berühren: Hand auf die Herdplatte, dann den Herd anstellen und schauen, wie lange man es aushält. Dies funktioniert meist nur beim ersten und zweiten Mal, aber immerhin, die Neugier und die Spannung und das Erreichen der Schmerzschwelle lenkt ungemein ab. Eine andere Methode ist das abwechselnd eiskalte und kochend heiße Duschen, falls Sie zuhause sind, wenn die Gier kommt. Auch ein Gummibändchen ums Handgelenk kann helfen, wenn Sie es immer wieder schnappen lassen und Ihnen Schmerz zufügen. Das treibt einem die Gedanken ans Kaufen aus dem Kopf. So ein Gummibändchen, das bekommen Sie in jedem Schreibwarengeschäft oder finden es vielleicht in Ihrem Büro.

Riechen: Gehen Sie z.B. in einen Bio- oder Esoterikladen (ergoogeln Sie sich einen in Ihrer Nähe, falls Sie keinen kennen) und kaufen Sie sich ein kleines Fläschchen „Duft"öl für Ihre Hosen- oder Jackentasche. Je unangenehmer es riecht, umso zweckvoller. Japanisches Minzöl (auch in der Apotheke erhältlich), nur zwei bis drei Tropfen, unter die Nase gerieben oder in die Nähe der Augen (nicht *in* die Augen!) wirkt Wunder durch langanhaltendes Tränen; die Minze befreit Ihren Kopf auch im übertragenen Sinn. Ammoniak ist ein weiteres Wundermittel, um Ihre Gedanken in ganz andere Sphären zu transportieren.

Den Roboter stoppen

Sie kennen bestimmt das Gefühl, dass Sie mit Ihrer Kaufsucht oft nur noch wie ein Roboter sind, dass Sie sich plötzlich von einem Moment auf den anderen fremdbestimmt fühlen. All die Angebote, die Werbung, die Seiten im Internet oder aber auch ein Moment gähnender Langeweile ... und schon verlieren Sie die Kontrolle, als würde jemand anders in Ihnen übernehmen und Ihre Gedanken und Ihren Körper Richtung Kaufen schieben – ob Sie das in Wirklichkeit wollen oder nicht!

Genau hier, ganz am Anfang dieses Prozesses, wenn dieser Roboter wieder loslegt – da müssen Sie reagieren und eingreifen!

Der typische Weg ist nämlich jetzt, dass so ein bewusster oder unbewusster Auslöser den Roboter in Ihnen hervorruft. Dann setzen Sie sich in Bewegung - und zwar mit vollem Einsatz: Ihre Gedanken drehen sich jetzt immer mehr ums Kaufen. In Ihnen entsteht eine enorme Spannung, die sich erst dann auflöst, wenn Sie zuschlagen und Ihr Portemonnaie oder Kreditkarte zücken.

Wenn der Roboter in Ihnen loslegt, dann können Sie eine Methode anwenden, die man auch Gedankenstopptechnik nennt.

Schauen Sie mal im Internet und googeln Sie mal „Gedankenstopptechnik" und „Verhaltenstherapie".

Die Gedankenstopptechnik besagt nun, dass Sie Ihren Roboter mit einem brutalen Dazwischengehen stoppen sollen. Konkret heißt das: in dem Moment, in dem es in Ihnen anfängt zu kribbeln, wenn der erste Druck kommt, dann reißen Sie Ihre Arme hoch, klatschen laut in die Hände und schreien „Stopp!"

Moment mal, sagen Sie jetzt, ich soll mich an der Kasse im Supermarkt oder in der Fußgängerzone oder in der Kneipe nebenan plötzlich als Clown aufführen?

Nein, das sollen Sie natürlich nicht. Denn erstens sollen Sie das erstmal in Ruhe zu Hause üben, und zweitens können Sie das dann etwas abgewandelt in der Öffentlichkeit anwenden.

Aber der Reihe nach. Neurobiologisch sind alle Gedanken, die Sie haben - und somit auch die des Roboters in Ihnen - Prozesse zwischen Nervenzellen, bei denen bestimmte Botenstoffe Reize übermitteln. Dies erklären wir später noch ganz ausführlich. Wenn jetzt plötzlich und unerwartet ein Klatschen und Schreien kommt, passiert im Gehirn so etwas, als wenn Tauben vor Ihnen die Brotkrümel vom Boden picken und plötzlich jemand in die Hände klatscht. Die Tauben fliegen wild entschlossen auseinander, kommen vielleicht nach einer Weile zurück, aber dann nicht mehr so zahlreich und nicht mehr so geordnet wie vorher.

Die chemischen und neurobiologischen Prozesse in Ihrem Gehirn werden plötzlich auch dramatisch durcheinandergebracht, denn durch das Klatschen und Schreien wird Adrenalin freigesetzt.

Adrenalin hat Vorrang vor allem Anderen im Körper, denn es ist der Stoff zum Überleben. Über Zehntausende von Jahren hat der Körper gelernt, dass Adrenalin in Gefahrensituationen ausgeschüttet wird, z.B. als wir damals auf der Jagd waren und plötzlich von einem wilden Tier angegriffen wurden. Aber auch heute noch, z.B. in der Schule, als der Lehrer Sie plötzlich unerwartet nach vorne bat, um eine Aufgabe an der Tafel zu lösen, da haben Sie Adrenalin ausgeschüttet. Und unser Organismus hat über all die Tausende von Jahren gelernt, dass, wenn so etwas passiert, alles Andere erst einmal zurückgefahren werden muss.

Dies bedeutet, dass die chemischen und neurologischen Anordnungen, die der Roboter in Ihrem Gehirn produziert hat, weggespült werden, weggespült vom Adrenalin.

Sie können zwar wieder zurückkommen, in gleicher oder ähnlicher Form, aber zunächst einmal haben Sie im schlechtesten Fall Zeit gewonnen und im besten Fall die Gedanken dauerhaft, also vielleicht für den Rest des Tages oder für viele Stunden vertrieben. Im weiteren Verlauf des Programms werden wir natürlich ausführlich behandeln, wie Sie daran arbeiten, dass diese Gedanken erst gar nicht mehr kommen.

Üben Sie also nun die Gedankenstopptechnik. Zunächst einmal, wenn Sie ganz allein sind. Setzen Sie sich gemütlich auf einen Stuhl oder auf Ihre Couch, und stellen Sie sich vor, wie Ihr Roboter loslegt. Vielleicht stellen Sie sich das Shopping-Center vor, oder die Seite von Amazon oder die Fußgängerzone – was auch immer bei Ihnen kritische Gelegenheiten sind.

Und dann irgendwann, nach 20 oder 30 Sekunden, reißen Sie die Arme hoch, klatschen in die Hände und schreien ganz laut „Stopp!".

Und öffnen die Augen. Und konzentrieren sich sofort auf die Dinge, die Sie in dem Augenblick sehen. Damit unterbrechen Sie nämlich nicht nur die chemischen Anordnungen in Ihrem Gehirn, sondern bieten Ihrem Gehirn auch sofort eine neue Anordnung, die nichts mehr mit der alten zu tun hat, z.B. könnten Sie nach dem Schrei dann das Fenster oder die Blumen oder den Tisch und das Geschirr wahrnehmen. Unterschätzen Sie diesen kleinen Schritt nicht – er ist sehr wichtig.

Idealerweise sollten Sie als nächstes auch noch einen Vertrauten bitten, das mit Ihnen zu tun. Das ist zwar nicht unbedingt notwendig, aber kann die Wirkung dieser Methode noch verstärken.

Was, ich soll jemandem von meiner Sucht erzählen? fragen Sie sich jetzt.

Nein, das sollen Sie nicht. Erfinden Sie eine Ausrede. Sagen Sie z.B., dass Sie in einem Buch gelesen haben, man könne die Konzentrationsfähigkeit steigern, indem man lernt, mit Ablenkungen umzugehen, und eine sehr effektive Ablenkung sei es, wenn jemand plötzlich in die Hände klatscht und laut schreit, während man selbst in Gedanken irgendwo ganz anders ist.

Konkret heißt das: Sie schließen die Augen und lassen Ihren Roboter wieder starten (und Sie erzählen Ihrem Bekannten natürlich nicht, was Sie da gerade vor sich sehen;)), und Ihr Bekannter klatscht plötzlich laut in die Hände und ruft „Stopp", und Sie wissen vorher nicht genau, wann er oder sie das tut, so dass der Schockeffekt noch ein bisschen stärker ist und mehr Adrenalin ausgeschüttet wird. Entscheidend ist nämlich, dass der Körper lernt, Adrenalin auszuschütten, wenn das Klatschen und der Ruf erfolgt. Deswegen ist es so hilfreich, dass auch ein Bekannter von Ihnen das mit Ihnen macht, denn dann ist der Adrenalinausstoß stärker und der Körper lernt das für Situationen später, in denen Sie selber klatschen und schreien.

Machen Sie das ein paar Mal, und machen Sie das spielerisch. Vielleicht hat Ihr Bekannter ja auch Lust, das mal auszuprobieren - ziehen Sie das ganze ruhig ein bisschen ins Lächerliche und erfinden Sie etwas, z.B.: „So ein Quatsch. Ich hab' gelesen, dass man sich besser konzentrieren kann, wenn man das übt, aber das stimmt doch alles bestimmt nicht. Aber einen Versuch ist es doch mal wert...". Hauptsache, Sie fühlen sich halbwegs wohl dabei und können den Mut entwickeln, das mit einem Bekannten durchzuführen. Falls Sie Kinder in Ihrem Umfeld haben, ideal, denn denen macht so etwas Spaß, und Sie haben erst gar keine Angst, Ihr Gesicht zu verlieren.

Alternativ könnten Sie es sich auch Band sprechen, z.B. 10 Minuten aufnehmen, davon die meiste Zeit gar nichts, und ab und zu ein lautes „Stopp". Wenn Sie es dann laufen lassen, kommen die „Stopp" auch ziemlich überraschend und haben den gleichen Effekt.

Wenn Sie das also ein paar Mal geübt haben, dann ist es so weit. Beim nächsten Mal, wenn der Suchtdruck wieder kommt und Ihr fremdgesteuerter Roboter wieder loslegt, dann setzen Sie die Gedankenstopptechnik ein und sehen, was passiert.

Haben Sie keine Angst, es mehrmals zu probieren, beim ersten Mal gehen die Gedanken vielleicht nur für drei Minuten weg und kommen dann wieder. Dann machen Sie es erneut. Und wenn sie dann nach ein paar Minuten wiederkommen, dann machen Sie es zum Dritten mal, und so weiter.

Entscheidend ist nämlich auch, dass das menschliche Gehirn aufs Lernen programmiert ist. Wenn eine bestimmte Tat (in unserem Fall der gedankliche Zwang, jetzt sofort spielen zu müssen) immer wieder eine negative Konsequenz hat (Adrenalinausstoß), dann lernt das Gehirn irgendwann, dass es diese Tat am besten nicht mehr durchführt.

Dies kann allerdings dauern. Für manche Menschen funktioniert die Gedankenstopptechnik gut, für andere setzt hingegen eine Art Gewöhnung ein. Das müssen Sie für sich selbst herausfinden. Vielleicht können Sie in Ihrem Fall die Gedankenstopptechnik mit einem der anderen neun Tipps verbinden, oder Sie wandeln die Technik ein wenig ab, dazu kommen wir später noch.

So weit so gut. Die beschriebene Technik kann ja ganz gut funktionieren, so lange Sie alleine sind, zuhause oder im Auto oder sonstwo.

Was aber, wenn Sie unter Menschen sind, im Büro, in der Stadt, in einer Bar, in einem Geschäft, am Strand im Urlaub?

Jetzt gibt es drei Möglichkeiten.

Erstens: Sie können – wie gerade eben vorgeschlagen - mit einem Diktiergerät oder Ähnlichem arbeiten, sprechen sich das „Stopp" vorher selber drauf und lassen das über Kopfhörer laufen.

Zweitens, Sie nehmen sich ein oder zwei Minuten und entfernen sich von den Menschen, z.B. indem Sie auf die Toilette gehen oder in eine ruhigere Seitenstraße oder in den Park um die

Ecke... und dann führen Sie die Gedankenstopptechnik in abgeschwächter Form durch, d.h. Sie schreien nicht, sondern rufen halblaut (achten Sie im Büro darauf, dass Sie allein auf der Toilette sind und Ihr Ruf nicht so laut ist, dass man Ihn noch draußen hören kann). Der Adrenalinausstoß ist zwar einerseits nicht ganz so stark, andererseits lenken Sie Ihre Gedanken aber auch schon dadurch ab, dass Sie sich plötzlich darauf konzentrieren müssen, einen ruhigeren Ort zu finden. Und wenn Sie die Arme nach oben reißen, und das in der Öffentlichkeit tun, können Sie ja immer noch so tun, als hätten Sie Muskelverspannungen in der Schulter oder etwas Ähnliches. Sie massieren sich vielleicht ein wenig den Nacken und machen ein Gesicht, als fühlten Sie Schmerzen, falls jemand Sie komisch anschaut.

Die dritte Möglichkeit ist, sich das ganze gedanklich vorzustellen. Wenn Sie das mit dem Händeklatschen und „Stopp" rufen ein paar Mal geübt und angewendet haben, können Sie es sich auch vorstellen, sich also vorstellen, wie Sie die Hände hochreißen, klatschen und „Stopp" rufen. Und danach die Aufmerksamkeit sofort auf alles richten, was Sie in dem Moment wahrnehmen.

Und das i-Tüpfelchen ist dann, wenn Sie sich jedes Mal, wenn Sie die Gedankenstopptechnik anwenden, egal, ob allein und laut oder in Gesellschaft und leise, bildlich noch den Roboter in sich vorstellen. Sehen Sie ihn vor sich, machen Sie sich ein Bild von ihm, sehen Sie ihm die Enttäuschung ins Gesicht geschrieben, sehen Sie, wie er seine Sachen zusammenpackt, vor sich hinmurmelt und abzieht. Stellen Sie sich das so bildlich, so realistisch wie möglich vor. Genießen Sie das Gefühl, stellen Sie sich diesen Roboter als Ihren Gegner vor, den Sie erfolgreich vertrieben haben, über den Sie triumphiert haben.

Lassen Sie ein Glücksgefühl in Ihnen zu, lassen Sie dem Adrenalinstoss ganz viele Endorphine (das sind Glückshormone) folgen, so wird das Gehirn auch konditioniert, diese Übung immer wieder zu machen, weil es lernt, dass es eine Belohnung bekommt.

Den Komiker auf die Bühne holen

Jetzt mal ein ganz kurzer Tipp. Und auch der, der am einfachsten umzusetzen ist. Und der, der sich am unglaublichsten anhört.

Lächeln!

Wie bitte?

Ja, einfach nur Lächeln. Nehmen Sie sich jetzt einmal drei Minuten Zeit. Legen Sie diesen Text weg, und dann machen Sie die folgende Übung. Denken Sie einmal 30 Sekunden lang etwas sehr Trauriges, Stressiges oder Unangenehmes. Und danach fangen Sie an zu lächeln und beobachten, was passiert.

Versuchen Sie einmal, nachdem Sie zwei Minuten gelächelt haben, wirklich negativ zu denken! Es wird nicht funktionieren, weil die Biologie von uns Menschen das nicht zulässt.

Vereinfacht kann man sagen, dass Sie Ihr Gehirn überlisten können.

Ihr Gesicht besteht aus vielen kleinen und kleinsten Muskeln, die in der Haut liegen und die dann Falten ziehen können. (Deswegen spritzt man ja z.B. Botox - ein Muskelgift - gegen Falten, damit sich die Muskeln nicht mehr bewegen können.) Wenn Sie nun lächeln, werden bis zu 21 Muskeln im Gesicht bewegt. Muskeln sind wiederum mit Nerven verbunden und die wiederum mit dem Gehirn.

Es ist fast zu unglaublich, um wahr zu sein, aber wenn Sie lächeln, wird dem Gehirn wirklich vorgegaukelt, Sie seien glücklich und zufrieden und es gehe Ihnen hervorragend. Das Gehirn schaltet dann wirklich um und hört auf, Stresshormone zu produzieren. Genau diese Stresshormone haben Sie nämlich, wenn der Suchtdruck wieder ganz akut ist. (Lesen Sie einmal Texte zur Neurolinguistischen Programmierung (NLP) oder auch Texte der Lebenstrainerin Vera Birkenbihl dazu.)

Wenn Sie es jetzt schaffen, wirklich zwei Minuten zu lächeln, haben Sie eine gute Chance, danach mit den Gedanken woanders hinzuwandern, weg vom Kaufen, z.B. zu etwas wirklich Komischem, etwas Lustigem, das dann Ihr Lächeln noch einmal verstärkt. Holen Sie also den inneren Komiker auf die Bühne, und applaudieren Sie ihm. Idealerweise kombinieren Sie diese Übung mit einem anderen der Tipps. Zum Beispiel nutzen Sie den inneren Komiker dazu, erst einmal den gröbsten Druck zu bekämpfen und können danach beginnen, Ihr inneres Kind zu lieben.

Noch eine Schlussbemerkung zum inneren Komiker: Es reicht, wenn Sie lächeln. 21 Muskeln sind ausreichend. Sie brauchen nicht zu grinsen. **Deshalb können Sie diese Übung überall durchführen, egal wo Sie sind.** Ein ganz leichtes Lächeln, die Mundwinkel etwas nach oben ziehen, das hat schon den gewünschten Effekt. Probieren Sie es am Anfang mit einem ausgeprägten Lächeln. Nach etwas Übung reicht dann bereits das ganz leichte Lächeln oder Schmunzeln. Probieren Sie es aus, und fühlen Sie es selber.

Sich einen Valentinstag bereiten

Wenn Sie wieder Suchtdruck bekommen, dann *wissen* Sie zwar, dass Sie jetzt wieder in etwas Falsches hineinlaufen, aber Sie *fühlen*, dass Sie das jetzt brauchen, damit es Ihnen besser geht und damit Sie Erleichterung spüren. Sie können in dieser Situation dann schlecht mit etwas Rationalem Ihrem Druck begegnen, sondern Sie brauchen etwas Emotionales.

Was könnte Ihnen denn außer Kaufen sonst noch ein gutes *Gefühl* geben? Nichts wird Ihnen im Moment des Suchtdrucks ein so gutes Gefühl geben können wie das Kaufen, das ist klar. Ein klein wenig Willenskraft ist also schon noch erforderlich, denn Sie müssen ein bisschen in den sauren Apfel beißen und sich auf etwas weniger gutes Gefühl einstellen als Sie es durch Kaufen bekämen.

Aber das ist immer noch leichter zu akzeptieren und umzusetzen, als mit etwas Vernünftigem und Rationalen um die Ecke zu kommen. Da würde Ihr innerer Trieb Sie nämlich nur auslachen und Ihnen den Stinkefinger zeigen. Er würde Ihnen sagen, dass Sie zwar *Recht* haben, Sie aber jetzt trotzdem das gute *Gefühl* des Sich-Gehen-Lassen brauchen. Gefühle sind fast immer stärker als rationale Gedanken. (Die Schuld- und Schamgefühle, die Sie *nach* dem Kaufen hätten, die werden von Ihrem inneren Trieb in der Situation ja sowieso immer ausgeblendet bzw. durch die Gier überstimmt.)

Also werden Sie etwas tun, das Ihnen ebenfalls gute Gefühle bietet, selbst wenn nicht ganz so gute wie das Kaufen. Das ist dann Ihre Leistung, auf die Sie stolz sein können.

Was aber gibt Ihnen ein gutes Gefühl - und was ist in der jeweiligen Situation verfügbar? Das müssen Sie jetzt als erstes für sich herausfinden. Wir geben Ihnen dazu jetzt einmal ein paar Hilfestellungen:

- Wann haben Sie das letzte Mal so richtig gelacht? Was war der Auslöser? Wie können Sie so eine Situation zurückholen oder etwas Ähnliches wieder herbeiführen?
- Was wollten Sie schon lange einmal Tolles tun und haben es immer noch nicht getan?
- Was könnten Sie sich jetzt Schönes gönnen von dem Geld, das Sie eigentlich für irgendetwas Sinnloses ausgeben wollten? Vielleicht eine herrliche Rücken- und Nackenmassage? Eine Flasche besten, echten französischen Champagner?
- Was ist mit einer heißen, duftenden Badewanne?
- Was ist mit einer Tüte bester Pralinen, die Sie auf einer Parkbank in der Sonne genießen?
- Was ist mit einem Besuch im Zoo, wo Sie Tiere beobachten, belächeln und bestaunen, die Sie schon seit Ihrer Kindheit nicht mehr gesehen haben?
- Was ist mit dem letzten Urlaub – haben Sie noch Fotos, die Sie sich anschauen können? Können Sie sich gedanklich dahin zurückversetzen?
- Was ist mit dem aktuellen Kinoprogramm? Im Kino sitzen mit einer Tüte Popcorn und einer riesigen Cola – und es ist dunkel, ist also gar nicht peinlich, wenn Sie da jetzt alleine hingehen?...

Wichtig ist, dass Sie sich das schon *vorher* überlegt haben.

In der Situation des Suchtdrucks sind Sie schon viel zu fixiert, um sich noch über Alternativen den Kopf zu zerbrechen. Schenken Sie sich einen Valentinstag. Am Valentinstag schenkt man dem Menschen etwas, den man gern hat. Viele Kaufsüchtige haben sich gar nicht gern, aber sehen Sie auch einmal das arme Innere in sich, das sich ständig quält mit Schuldgefühlen, mit Minderwertigkeitskomplexen, mit Verzweiflung ... das ist ein Teil von Ihnen, und dieser Teil hat auch etwas Anerkennung verdient!

Denn immerhin kämpft er ja! Sonst wären Sie ja nicht zu diesem Buch gekommen. Belohnen Sie diesen inneren Teil von sich, und schenken Sie ihm gute Gefühle. In den ersten 10 Minuten ist das bestimmt ganz schwer, denn da würden Sie ja am liebsten ihrer Sucht nachgehen. Doch danach wird es leichter, und nach einer Stunde wird sich auch so etwas wie ein wenig Stolz in Ihren Gefühlen breitmachen. Stolz, dass Sie es dieses eine Mal geschafft haben.

Kaufsucht und Schulden

Was die meisten von Ihnen erdrückt, sind die Schulden. Wir wollen jetzt gar nicht darauf eingehen, wie schlecht Sie sich dabei fühlen, ob Sie den Schuldenberg, die Rechnungen und Mahnungen einfach ignorieren oder ob Sie das alles jeden Tag psychologisch fertig macht. Wir wollen auch gar nicht untersuchen, wie genau Sie immer mehr Schulden in der Vergangenheit angehäuft haben, denn das würde Sie nur wieder weiter herunterziehen. Was Sie jetzt brauchen, ist eine Perspektive für die Zukunft, einen anderen Umgang mit Geld.

Für Sie war Geld zuletzt nur noch Spielgeld. Was immer Sie zur Verfügung hatten, haben Sie fürs sinnlose Kaufen eingesetzt. Bzw. wenn Sie noch am Beginn Ihrer Kaufsucht stehen, sind Sie genau auf dem Weg dahin. Und das Problem wurde, dass Sie auch das, was Ihnen eigentlich nicht zur Verfügung stand, dafür eingesetzt haben. Das, was eigentlich für Miete, Urlaub, Weihnachtsgeschenke, die Familie, Versicherungen, Altersvorsorge, Auto oder ähnliches notwendig gewesen wäre. Und dann kamen die Schulden. Aber Sie sehen vielleicht schon, dass der allererste Schritt darin bestehen muss, wieder ein Gefühl dafür zu bekommen, wieviel Geld Sie eigentlich monatlich für das „normale" Leben brauchen.

Erstellen Sie sich dazu doch einfach einmal einen Haushaltsplan und tun Sie erst einmal so, als hätten Sie keine Probleme mit Kaufsucht. Eine Liste typischer Ausgaben / Kosten haben wir hier zusammengestellt. Sie können jedoch weitere Dinge hinzufügen. Bei Dingen, wo die Ausgaben nur ab und zu anfallen, z.B. Kleidung und Urlaub, dividieren Sie den jährlich angenommenen Betrag durch 12, so dass Sie einen durchschnittlichen monatlichen Wert eintragen können. In die Total-Zeile schreiben Sie den Betrag, den das alles zusammen ausmacht. Darunter notieren Sie, wieviel Sie monatlich einnehmen, über Ihren Beruf / Job / sonstiges.

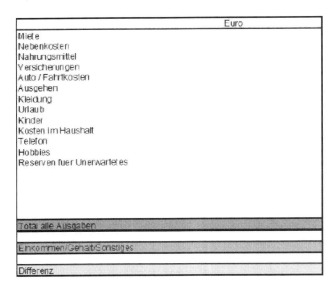

Die Differenz dieser beiden Beträge schreiben Sie ins gelbe Feld ganz unten.

Was bedeutet dieser gelbe Betrag? Dies ist das, was Ihnen für zwei Dinge zur Verfügung steht: erstens für die Rückzahlung Ihrer Schulden und zweitens für Ihre neuen Lebensaktivitäten (Sie erinnern sich an das Kapitel? Es ging ja darum, dass Sie wieder sinnvolle Dinge in Ihrem Leben anpacken müssen, und wenn das eine oder andere ein paar Euro kostet, dann können Sie es hiervon finanzieren. Dies muss sogar Vorrang vor der Schuldenrückzahlung haben, denn damit bringen Sie Ihr Leben wieder ins Gleichgewicht und verhindern somit, dass es zu neuen Schulden kommt und bauen die Basis dafür, dass Sie auch dauerhaft Ihre Schulden zurückzahlen können.

Dieser gelbe Betrag ist selbstverständlich auch das, was Ihnen monatlich maximal fürs Kaufen zur Verfügung steht, damit Sie sich nicht weiter verschulden.

Als nächstes machen Sie sich eine Übersicht Ihrer Schulden. Dies kann schmerzhaft sein, aber Sie wissen auch, dass es notwendig ist, wenn Sie ernsthaft heilen wollen. Listen Sie Ihre Schulden geordnet danach auf, wem Sie wieviel schulden. Öffnen Sie auch alle Briefe mit Rechnungen, die vielleicht noch irgendwo ungeöffnet in der Ecke liegen, und schätzen Sie da, wo Sie die Höhe der Beträge nicht mehr ganz genau wissen. Nutzen Sie die folgende Tabelle:

Wem schulde ich was?	Wieviel?
Familie:	
Freunde/Bekannte:	
Arbeitskollegen:	
Banken:	
Nicht bezahlte Rechnungen:	
Sonstiges:	
TOTAL:	

Erst wenn Sie sich diese Klarheit verschafft haben, können Sie sich einen Plan erstellen, wie Sie Ihre Schulden wieder zurückzahlen wollen: wann Sie was an wen zurückzahlen werden.

Zusammenfassung

Wie können Sie die Gedanken dieses Buches also am besten nutzen? Zunächst einmal setzen Sie sich ein Ziel. Und zwar ein realistisches. Gehen Sie den Weg aus der Kaufsucht langsam an, auch wenn Sie am liebsten von heute auf morgen aus dem Schlamassel heraus möchten. Wir haben ja erklärt, warum es besser ist, dies Schritt für Schritt zu tun.

Setzen Sie sich dann Zwischenschritte. Ein schwieriges Ziel, in hundert Schritte aufgeteilt, das kann man erreichen. Denn jeder Schritt ist dann ganz klein. Aber die Summe macht es. Und wenn Sie einen kleinen Schritt schaffen, ein kleines Ziel erreichen, dann ist das motivierend und Sie haben Lust auf den nächsten Schritt.

Definieren Sie sich gleichzeitig neue Lebensziele und brechen das herunter auf neue, sinnvolle Aktivitäten in Ihrem Leben. Dadurch soll ebenfalls mehr Motivation und mehr Freude in Ihr Leben kommen.

Andererseits müssen Sie die Spannungen in sich abbauen. Progressive Muskelentspannung, aber auch Autogenes Training, Yoga und vieles mehr sind hier sinnvoll. Auf Youtube gibt es sehr viele sehr gute Videos. Finden Sie heraus, welche Stimmen, welche Bilder, welche Hintergrundmusik Ihnen am besten zusagt und kommen Sie dann einfach mal „runter". Ein, zwei oder auch drei Mal am Tag.

Ab sofort nutzen Sie die Tipps aus den letzten Kapiteln des Buches. In den Lavario-Programmen nennen wir sie „Sofort-Tipps". Dort gibt es zwischen 10 und 20 dieser Tipps. Wenden Sie sie immer an, wenn Sie unter akutem Suchtdruck leiden. Sie werden es nicht jedes Mal schaffen, dem Druck zu widerstehen – aber immer öfter. Denken Sie sich aus, wie Sie diese Sofort-Tipps für sich abwandeln können. Und glauben Sie nicht, dass diese Sofort-Tipps immer und für jeden nützlich sind. Jeder spricht auf etwas anderes an. Beim Einen funktioniert Lächeln besser, beim Anderen der Mexikaner, bei wieder jemand Anderem das Gummiband am Handgelenk. Finden Sie es für sich heraus und geben Sie jedem Tipp eine oder auch mehrere Chancen.

Wichtig ist auch das erste Kapitel. Finden Sie heraus, was bei Ihnen immer wieder Suchtdruck auslöst und lernen Sie, anders damit umzugehen oder die Häufigkeit dieser Auslöser zu verringern.

Aber das Allerwichtigste ist natürlich, seine Vergangenheit aufzuarbeiten. In den Lavario-Programmen nennen wir es „Erkennen, Verstehen, Verzeihen". Dies ist ein Selbstfindungsprozess. Verstehen, warum und wann sich Ihre Sucht wie entwickelt hat. Die Rolle Ihrer Familie, ehemaliger MitschülerInnen und erster PartnerInnen erkennen, traumatische Erlebnisse aufarbeiten. Erkennen und verstehen, inwieweit Sie sich mit Ihrem selbstschädigenden Verhalten rächen wollen an sich selbst und an anderen. Verstehen, wie Ihr Gehirn und wie Ihr Unterbewusstsein eigentlich funktionieren und wieso es für Sie bisher unmöglich war, Ihre Sucht erfolgreich zu bekämpfen. Und dabei müssen Sie sich ganz langsam verzeihen und Schuld- und Schamgefühle aufgeben. Sich selbst verzeihen und auch anderen, die Ihnen weh getan haben. Zum Verzeihen gehört auch, dass Sie ab sofort großzügiger zu sich selbst sind, falls Rückfälle und Ausrutscher passieren. Sie als Teil Ihrer Befreiung verstehen, statt sich selbst wieder herunterzumachen und zu verteufeln.

Und um all dies ging es ja in vielen Kapiteln dieses Buches. Wenn Sie sich all dies zu Herzen nehmen, werden die Erfolge phänomenal sein. Wir haben noch kein eigenes, strukturiertes Komplettprogramm gegen Kaufsucht im Angebot, sondern nur dieses Buch. Die verschiedenen Programme, die wir haben, sind aber zu 80% identisch, weil die hinter einer Sucht stehenden Probleme sich sehr stark ähneln, ganz gleich, ob man an Alkoholsucht, Esssucht, Spielsucht oder eben an Kaufsucht leidet.

Falls Sie also einmal das komplette Programm durcharbeiten möchten und vielleicht auch persönliche Beratung in Anspruch nehmen möchten, könnten Sie auf unserer Webseite zum Beispiel das Lavario-Programm gegen Spielsucht bestellen. Sie finden es hier: http://lavario.de/wie-sie-sich-dauerhaft-von-ihrer-spielsucht-befreien 90% davon wird mit Sicherheit auch Ihnen helfen. Wertvolle Gedanken zur Sucht und viele praktische Tipps finden Sie außerdem auf www.lavario.de/suchtblog.

Viel Erfolg auf Ihrem Weg heraus aus der Sucht.

Kaufsucht: Behandlung, Hilfe, Tipps – Befreien Sie sich vom zwanghaften Shoppen

FRANK LAVARIO

Printed in Poland
by Amazon Fulfillment
Poland Sp. z o.o., Wrocław